Reseñas a *La iglesia abierta en grietas*

"Si estás observando el panorama de la Iglesia y te preguntas, '¿Cómo llegamos aquí?' y qué sucederá a continuación, te invito a abordar el vuelo de la Rev. Spellers y contemplar el panorama general junto a ella. Adéntrate en la historia, la teología, el dolor, la belleza y la esperanza que ofrece su perspectiva a treinta mil pies de altura. Cuando aterrice el avión, te darás cuenta de que simplemente no hay mejor guía disponible".

—Nadia Bolz-Weber, autora

"Stephanie Spellers llama nuestra atención hacia el desgarramiento del cristianismo blanco ante la diversidad contextual y la cruz de Jesús. Invita a sus lectores a dejar de negociar con el pasado y darse cuenta de que el amor no consiste en mantener y proteger la comunidad, sino en el propio quiebre que surge de su interior. Este libro continúa la teología de James Cone y Kelly Brown Douglas, y señala una dirección cruciforme".

—C. Andrew Doyle,
IX Obispo de la Diócesis Episcopal de Texas.

"En un momento en que las estructuras y los patrones de la vida de la iglesia están siendo profundamente trastocados, este libro es una invitación amorosa y apasionada a arrepentirse, reimaginar y renovar al redescubrir la identidad de la iglesia en la sanación del mundo por parte del Dios trino. Stephanie Spellers no solo expone verdades difíciles, sino que también, y aún más importante, ofrece esperanza y promesa en el camino del amor de Jesús".

—Dwight Zscheile, PhD,
Vicepresidente de Innovation y Profesor
Asociado de Misión Congregacional y Liderazgo
en el Seminario Luterano San Pablo, Minnesota.

# LA IGLESIA ABIERTA EN GRIETAS

# LA IGLESIA ABIERTA EN GRIETAS

Disrupción, Declive
y Nueva Esperanza para
la Comunidad Amada

Stephanie Spellers
Traducido por Adrián Cárdenas Torres

Church
PUBLISHING

Church Publishing
19 East 34th Street
New York, NY 10016
www.churchpublishing.org

Diseño de portada por Jennifer Kopec, 2Pug Design.
Composición tipográfica por Nord Compo

Datos de catalogación en la publicación de la Biblioteca del Congreso de los EE. UU.
Identificadores: LCCN 2024937906 (impreso) | ISBN 9781640657762 (tapa blanda)
| ISBN 9781640657779 (libro electrónico)

# CONTENIDO

# El significado de estar abiertos en grietas

Era sábado 1 de agosto de 2020. Lo sé porque mi registro de mensajes de texto así me lo indica. Esa tarde escribí a una amiga:

> Dios está quebrantando esta Iglesia y nos está derramando: vaciando privilegio, deshaciéndose del imperio, desterrando el racismo y la arrogancia humana; todo ello con el fin de transformarnos y emplearnos al servicio del sueño de Dios para la humanidad. Somos como un frasco roto. Aunque duela y sea difícil de aceptar... creo que es un regalo.

En ese momento, llevábamos seis meses sumidos en una pandemia global y enfrentando un colapso económico. Había pasado medio año desde que las comunidades de fe podían reunirse plenamente y en persona para la oración, el culto, el servicio y el compartir. Numerosas iglesias se encontraban abrumadas por las necesidades, justo cuando las donaciones empezaban a decrecer y nuestros voluntarios más leales se hallaban confinados por miedo al COVID-19. Durante seis meses, se había venido presentando una dolorosa realidad: las personas perdían sus vidas, en ocasiones más de mil diariamente en Estados Unidos, y un número desproporcionado de ellas eran negras, latinas e indígenas, cuyas vidas la nación había considerado "prescindibles" hacía mucho tiempo.

Estábamos a dos meses del horror de presenciar al oficial de policía de Minnesota, Derek Chauvin, presionando su rodilla sobre el cuello de George Floyd, arrebatándole el aliento de vida. Dos meses en medio de protestas continuas, divulgación de la verdad, grupos de lectura y un profundo dolor por personas de todas las razas, pero especialmente por mis hermanos y hermanas negros, indígenas, latinos y asiáticos. Dos meses clamando a Dios: "¡Ay, Dios! ¿Hasta cuándo? ¿Me olvidarás por siempre? ¿Hasta cuándo me ocultarás tu rostro? ¿Hasta cuándo tendré la mente confundida y el corazón afligido todo el día? Mi enemigo, ¿hasta cuándo va a triunfar?" (Salmo 13).

En el contexto de la vida humana, dos meses o incluso seis meses no son mucho tiempo. Para cuando leas estas palabras, puede que haya pasado un año o dos (o diez) desde estos eventos cataclísmicos. Otros desastres podrían haberlos eclipsado por completo. No lo sé. Lo que sí sé es que a medida que esta etapa en particular avanzaba, algo se sentía diferente. Otros también describieron este cambio. Esto es lo que notamos:

Primero, la pérdida y la incertidumbre no eran algo nuevo. Estados Unidos y las instituciones civiles e iglesias que alguna vez descansaron cómodamente en su centro, habían experimentado de hecho una disrupción, un declive y un desplazamiento durante décadas antes de 2020.

Segundo, esta era una nueva fase, una caída más pronunciada, una disrupción y un desplazamiento más profundos. Durante más de una generación, se había hablado de la necesidad de que las iglesias se desligaran de nuestros edificios, pero ahora literalmente no podíamos congregarnos dentro de nuestros santuarios en números significativos. Iglesias que antes se resistían a tener una pantalla en el santuario, de pronto estaban reconstruyendo su presencia en el ciberespacio. Personas que nunca antes habían utilizado palabras como "supremacía blanca" (más adelante profundizaremos en este término y otros) las estaban reconociendo como esenciales para comprender la identidad estadounidense y la cultura cristiana predominante en Estados Unidos.

Expertos, académicos y ministros religiosos estaban de acuerdo en que este momento general en la vida estadounidense era diferente a cualquier cosa que la mayoría de nosotros hubiéramos enfrentado con anterioridad. Líderes como Andy Crouch, Kurt Keilhacker y Dave Blanchard explicaron que las experiencias pasadas de disrupción podrían compararse con una tormenta invernal o tal vez incluso una ventisca, pero ahora nos encontrábamos en algo similar a una temporada de invierno prolongado, tal vez incluso una era de hielo.[1] Los patrones y prácticas institucionales habituales no serían aplicables. Era momento de actuar como una empresa emergente.

Otros compararon la experiencia con deambular en el desierto. Junto con mi sabio colega Dwight Zscheile, profesor de liderazgo e innovación en el Seminario Luther, organicé una serie en línea y un pódcast de verano llamado "Tiempo en el desierto" (www.wildernesstime.org). Durante seis semanas, reunimos a profesionales, estudiantes y líderes de opinión para explorar la vida con Dios en los márgenes. Nuestros confiables dispositivos de navegación no funcionarían aquí, así que sería mejor que aprendiéramos a confiar en Dios para que nos proporcionara dirección y sustento, tal como los israelitas aprendieron de la manera difícil durante sus cuarenta años de peregrinaje en el desierto. Al igual que nuestros antepasados, tendremos que abrazar la incertidumbre y la pérdida, reorientar humildemente nuestras vidas hacia las periferias y redefinir qué es sagrado, qué constituye la adoración y qué caracteriza a un seguidor de Jesús.

Elige tu metáfora: terremoto, ventisca o desierto. Este territorio era desconocido, y no era probable que encontráramos el camino pronto. No podíamos negar la verdad: necesitábamos a Dios desesperadamente.

## La mujer que rompió el frasco de alabastro

Indagando, buscando la guía de Dios, mi mirada se posaba una y otra vez en una imagen bíblica: una mujer audaz con un frasco de alabastro lleno de un costoso y aromático ungüento en sus manos. La historia se encuentra en los cuatro evangelios, pero Dios seguía atrayéndome hacia el relato sencillo y lleno de acción de Marcos: "Estando él en Betania sentado a la mesa en casa de Simón el leproso, vino una mujer que tenía un frasco de alabastro con perfume de nardo puro de gran precio. Y quebrando el frasco de alabastro, lo derramó sobre la cabeza de Jesús" (Marcos 14:13).

Como la mayoría de los comentaristas y predicadores, creía conocer la historia: aquí estaba una mujer que amaba a Jesús y sacrificó algo preciado para dar testimonio de ese amor. Los discípulos se enfurecieron y se quejaron de ella por desperdiciar el aceite, y también se quejaron *de* Jesús por permitirle acercarse en primer lugar. Siempre me ha gustado Jesús en esta historia. No solo se negó a rechazarla, sino que se mostró desafiante con ellos y sugirió que deberían ser más como ella. "De cierto les digo que dondequiera que sea predicado este evangelio en todo el mundo, también lo que esta ha hecho será contado para memoria de ella" (Marcos 14:9).

Cuanto más reflexionaba sobre la historia, más impactante me parecía. Imagina el escándalo que se generó con ella entrando a una cena de hombres organizada por un fariseo. Esta mujer lleva consigo un frasco precioso de alabastro, revestido de azulejos, lleno de aceite perfumado que vale el salario de todo un año. Ella es la personificación de la interrupción, secuestrando sus sentidos de la vista, el olfato, el gusto y la decencia.

¿Ofrece ella el frasco al anfitrión o a Jesús? ¿Quizás vierte algo de nardo en su mano y unge a Jesús? No, ella rompe el frasco de alabastro. En una cultura donde las mujeres son vistas pero no escuchadas y su poder público es casi nulo, ella irrumpió sin aviso ni invitación, rompiendo el frasco de alabastro. El estruendo del quiebre debió resonar como un relámpago y un trueno. Pero está bien. Decidida a causar un notorio revuelo y desafiar las normas establecidas, ella toma algo precioso y lo rompe, interrumpiendo dramáticamente el curso de los acontecimientos.

Entonces, ella derrama el nardo sobre la cabeza de Jesús, permitiendo que escurra y empape su cabello, barba y hombros. Nuestra hermana no tiene interés en unas gotas escasas y tacañas desde la pequeña abertura del frasco. Su deseo es que el ungüento sanador fluya sobre Jesús como ríos impetuosos de poder, y solo existe una manera para desatar tal torrente. Rompiéndolo por completo.

Ya puedes ver por qué el Evangelio de Lucas asume que ella es una pecadora y más tarde los estudiosos la retratan como una prostituta. ¿Qué otro tipo de mujer sería lo suficientemente adinerada como para poseer un frasco de ungüento perfumado y lo suficientemente audaz como para entrar en una habitación llena de hombres? ¿Qué tipo de mujer iniciaría un gesto tan dramático y sensual (en el verdadero sentido de la palabra)? Una mujer acomodada. Una mujer con sus propias ideas. Una mujer que no pasa desapercibida.

Mientras todos los demás se alarman, Jesús acepta su ofrenda y le agradece por preparar su cuerpo para la muerte y el entierro, prometiendo que su tributo extravagante y pródigo será recordado y contado para las generaciones venideras.

¿Qué fue lo que Jesús notó y admiró tanto en ella? Él no vio desperdicio. Comprendió que ella estaba literalmente renunciando a lo mejor que tenía: el frasco de alabastro *y* el nardo, porque Él significaba tanto para ella. Él era el Santo, el centro de su mundo, y ella había reorientado su vida en torno a Él como su máxima prioridad.

Él debe haber valorado su capacidad para discernir lo que es importante. Algunos discípulos se obsesionaron con el recipiente, pero ¿de qué sirve un frasco exquisito si el ungüento que contiene no puede salir? Otros estaban ansiosos por perder el costoso nardo, pero ¿de qué sirve un ungüento vivificador si no lo compartes con las personas en su momento de necesidad? Ella rompió el frasco. Derramó el aceite. Dios la bendice por eso.

Finalmente, imagino que Jesús se sintió aliviado al ver a alguien más operando fuera de los límites de la moderación, el racionalismo y el *statu quo*. Estaba a punto de ser asesinado por los poderes y principados de este mundo. A diferencia de sus otros seguidores, ella comprendió la urgencia del momento, asumió un riesgo y se lanzó a encontrarse con él en esa situación.

Deseo sentarme a los pies de esta hermana y contarle sobre el presente, sobre la decadencia, la pandemia, los ajustes de cuentas, las pérdidas y la interrupción. Deseo confiarle: "Mucho se ha fracturado. *Hemos* sido quebrantados". No sabemos cómo abrazar la interrupción, hacer el sacrificio, dejar de adorar la belleza del frasco; en su lugar, debemos atrevernos a quebrarlo, para que la sustancia curativa en su interior se abra paso en un mundo que la ansía con desesperación. Nos sentimos tentados a apresurarnos y recoger los pedazos y volver a ensamblar el frasco y recoger el aceite perdido. Y realmente estamos aterrados de *ser* nosotros mismos el frasco, roto por Dios, por amor al mundo. Quizás eso sea lo que Dios quiere, pero no es lo que la mayoría de los fieles de las iglesias en Estados Unidos esperaban.

¿Cómo respondería ella? En mi oración, la escucho pronunciar estas sabias palabras, calmando la tormenta incluso mientras agita las aguas:

> Tú y tu Iglesia sostienen un hermoso frasco. Están acostumbrados a aferrarlo con ambas manos, inclinándolo y vertiendo su contenido con moderación a través de su boquilla cuidadosamente diseñada. Algún día, tendrán que romperlo para que el contenido fluya libremente, o Dios lo hará por ustedes.
>
> Tú y tu Iglesia piensan que amar algo significa protegerlo y mantenerlo exactamente como se les fue entregado. Algún día, comprenderán el verdadero significado de amar lo suficiente como para dejar que se desmorone, simplemente sentarse con los fragmentos y observar lo que debe ser eliminado por completo. Luego, con fiel devoción, reconstruirán lo que más importa, creando algo más completo, algo más cercano a lo que Dios siempre tuvo en mente. Algún día, perderán su vida y encontrarán la verdadera vida.
>
> Oh, querida, este podría ser uno de esos momentos.

## Es nuestro momento

¿Y si en realidad estamos en ese punto en el que el acto más honesto es aceptar la realidad agrietada de las cosas que más amamos? Tal vez estés llamado/a a terminar de abrirlas. Quizás tú y tu iglesia sean lo que está siendo *quebrado*, y tu vida, identidad y comprensión de la realidad se están derramando, todo para que el amor de Dios pueda convertirse en el verdadero centro de tu existencia.

Si algo de eso es cierto, vamos a necesitar ayuda y vamos a necesitarnos unos a otros.

Eso es precisamente de lo que trata este libro. He pasado casi treinta años estudiando religión y sociedad, cubriendo temas religiosos en mi labor como periodista, desarrollando y editando libros para una editorial de la Iglesia, y sirviendo como sacerdote ordenado en niveles congregacionales, diocesanos y ahora denominacionales. Mi mayor alegría en todo esto ha sido escuchar a las personas y descubrir las conexiones y movimientos del Espíritu de Dios en los espacios que nos unen. Eso es lo que he intentado presentar en este libro: sabiduría recopilada, destilada por alguien cuyo corazón está lleno de amor y que está convencido de que nos encontramos en una encrucijada histórica. Pero, ten en cuenta, este libro intenta compartir historias difíciles y plantear preguntas desafiantes con ternura y esperanza. Aunque reconozco que en ocasiones he fallado, confío plenamente en que nada nos aparta de la asombrosa gracia de Dios, incluso cuando hemos sido completamente quebrantados de forma irreversible.

¿Por dónde iniciar en tan monumental travesía? Sugiero que nos enfoquemos en el presente, y esa es la tarea del capítulo 1, "La realidad de la disrupción y el declive". La experiencia contemporánea de estar descentrados, interrumpidos y desplazados no es algo nuevo para el cristianismo. A medida que Estados Unidos se ha vuelto más multicultural y secular, las *iglesias* denominadas "euro-tribales" (más información sobre este concepto en el próximo capítulo) han caído en los márgenes. Si bien esa pérdida de privilegios puede generar temor y preocupación, también podría prepararnos para una reorientación dramática. Décadas de interrupción y declive, culminando en las crisis de la pandemia, el colapso económico y el ajuste de cuentas racial, podrían ser el empujón que necesitamos para centrarnos nuevamente en Dios y en el sueño de Dios, alejándonos del imperio.

En el capítulo 2, "Nueva esperanza para la Comunidad Amada", imaginamos juntos este posible mundo mejor, uno en el que los seres humanos soltemos nuestro aferramiento a la seguridad y la prosperidad, nos sacrifiquemos por el mutuo florecimiento, compartamos las cargas unos de otros y vivamos más como hijos e hijas hechos a imagen de nuestro Dios amoroso, desinteresado y extravagante. Piensa en este capítulo como si fueses a plantar tus pies, a respirar profundamente y a arraigarte en la esperanza de la comunidad amada que Jesús y generaciones de teólogos y profetas sostienen hasta el día de hoy. Permite que esta sea la luz estelar que guíe tus pasos en el camino por delante.

El capítulo 1 traza el panorama general de dónde nos encontramos, y el capítulo 2 señala con una esperanza inicial hacia dónde anhelamos ir en última instancia. Después de eso, llegamos a los capítulos de "la hora de la verdad", donde reconocemos hasta qué punto Estados Unidos y sus comunidades cristianas tradicionales se han alejado del sueño de Dios.

En el capítulo 3, "Orígenes de la pesadilla", se explora el pecado original de la autorreferencialidad, o más precisamente lo que yo llamo "autocentrismo", es decir, organizar el mundo de manera que gire en torno a uno mismo o a su grupo. Veremos cómo esta orientación egoísta se ha convertido en un imperio, opresión y dominación blanca, y cómo estas fuerzas han moldeado y distorsionado a Estados Unidos.

En el capítulo 4, "La iglesia del imperio", estrecho el enfoque para examinar mi propia Iglesia Episcopal, esa hija peculiar del Imperio británico y el excepcionalismo estadounidense. Debido a nuestra historia y privilegio únicos, a menudo hemos funcionado como capellanes fieles del imperio, sosteniendo una bandera elegante para cubrir los pecados de genocidio, esclavitud, codicia, segregación y opresión. Cada comunidad de fe tiene una historia de elección de ídolos, ego y pecado por encima de Dios. Esta es la historia de mi Iglesia.

Gracias a Dios, estos fracasos no son ni toda la historia ni su final. En el capítulo 5, "Destellos de luz", recopilamos historias de resistencia, esos momentos sagrados en los que el Espíritu ha movido a episcopales desde el autocentrismo y el privilegio al abrazo del descentramiento y el sacrificio, y para recentrarse junto a los perseguidos y rechazados. Si una iglesia como esta puede reconocer y convertirse, hay esperanza para todas, todes y todos.

El capítulo 6, "Perder tu vida—Kénosis", examina más profundamente lo que se necesita para permitir que nuestros corazones y estructuras se resquebrajen y abran en un profundo amor por Dios y por los demás. En particular, exploraremos el poder de la *kénosis*, el patrón dramático y voluntario de liberación, desapego y entrega de sí mismo que marca toda la vida de Jesús. Como sus seguidores, no buscamos principalmente mantener las instituciones que hemos construido o las vasijas que hemos moldeado. Al igual que la sabia mujer con el frasco de alabastro, buscamos triunfar sobre el miedo y reunir el coraje para romper la vasija... o permitir que Dios nos quebrante y trastorne.

Después del resquebrajamiento y el descentramiento, ¿corremos de vuelta al centro? ¿Reensamblamos las piezas para que se asemejen a su preciosa imagen original? ¿O elegimos la solidaridad y nos recentramos con Jesús, quien claramente se unió a los pueblos más vulnerables? Ese es el tema del capítulo 7, "Ganar tu vida—Solidaridad", que invita a las comunidades cristianas que alguna vez estuvieron identificadas con los poderes del imperio y el sistema a caminar humildemente con los oprimidos, no solo para aliviar el sufrimiento del otro, sino porque la salvación y la santidad nos esperan a todos en los márgenes del imperio.

Jesús nos dio este sueño. También trazó un camino para aquellos/as que buscan seguirlo, dejar de aferrarnos a los privilegios, recentrarnos en Dios y vivir como una comunidad amada. En el capítulo final, "Anden en amor—Discipulado", te invito a adoptar el

Camino del Amor, una regla de vida que los episcopales y nuestros amigos utilizamos para caminar juntos en el modelo de Jesús. He tratado de discernir pasos prácticos que individuos, congregaciones y, en última instancia, toda una iglesia, pueden tomar para romper con el imperio y el autocentrismo, y reorientar nuestras vidas en torno a Dios, que es amor. Es la única manera que conozco para que el oprimido y el opresor puedan experimentar juntos la libertad y una vida abundante.

Espero que este libro inspire más que una reflexión profunda. Mi ferviente oración es que examines tu vida y la vida de tu iglesia, así como los sistemas y concepciones que les dan forma. Espero que te sientas menos preocupado/a por cómo tú y tu comunidad están de quebrantados, y más motivado/a a explorar cómo Dios podría transformarlos en una auténtica comunidad de amor. Para facilitar ese proyecto, he puesto a disposición "La iglesia abierta en grietas: guía de reflexión y acción" en www. churchcrackedopen.org (también disponible en el sitio del editor, www. church publishing.org/churchcrackedopen).

Por ahora, nuestra sabia hermana extiende su mano, una mano llena de pedazos de alabastro roto; mientras la otra, abierta, nos hace un gesto. Nos dice que es hora de empezar.

# 1

# La realidad de la disrupción y el declive

*No hay nada más trágico que dormir durante una revolución.*
                                        —Martin Luther King Jr.[1]

Desde hace un tiempo, los líderes de la iglesia nos hemos sentado alrededor de mesas, ansiosos, ideando estrategias y, a veces, dejándonos llevar por ilusiones. Todo esto en medio de un declive constante que se ha convertido en una dura realidad en la vida de la *cristiandad estadounidense tradicional*. (A lo largo de este libro, utilizaré esta expresión para referirme a la amplia comunidad de Iglesias protestantes y evangélicas mayoritariamente blancas.) La pandemia global, el temor a un colapso económico y el abrumador peso del racismo han infundido un grado adicional de urgencia y ansiedad a dichas conversaciones. Sentimos y a veces susurramos la verdad: la cristiandad estadounidense tradicional ha sido desplazada, desterrada de nuestros edificios, alejada de nuestros fundamentos y apartada del centro... si es que queda algún centro en absoluto.

Las principales Iglesias protestantes han experimentado un declive y desplazamiento sistémico desde la década de 1960[2], y esa tendencia se ha expandido en los últimos veinte años para abarcar todo el sector religioso de Estados Unidos. Vale la pena señalar que, al mismo tiempo, el cristianismo ha florecido en África, Asia y América del Sur, así como en Europa Oriental, China y el Medio Oriente. Las iglesias más dinámicas en Estados Unidos y Occidente a menudo están compuestas por personas de estos países de origen.[3]

Mientras tanto, en la cultura estadounidense predominante, generaciones enteras rechazan la fe. Algunos están enfadados y asocian el cristianismo con palabras como "hipócrita", "prejuicioso" y "anti-homosexual"[4], pero un número alarmante de personas más jóvenes apenas se ocupa o no presta mucha atención a las instituciones religiosas en lo más mínimo.[5] Si nos notan, es posible que vean instituciones obsesionadas consigo mismas y enfocadas en su propia propagación. Aunque nos oigan promover nuestras iglesias como la casa de Dios, algunos ya han encontrado su presencia fuera de sus muros y, por lo tanto, no ven necesario hacer el esfuerzo adicional de asistir a ellas.

Así pues, si tu iglesia recibe a menos personas los domingos, y los que acuden tienden a estar, en general, menos comprometidos, eso no va a cambiar porque el sacerdote eleve el nivel de su predicación, el músico incorpore una batería y mantengan un volumen constante de adoración en línea. El terreno ha cambiado. La grieta es real.

No me complace esta realidad. El hecho es que algo esencial en la historia cristiana estadounidense ha estado al borde de romperse, como la tierra fracturada por una falla. Dios sabe que ha habido numerosos temblores. Ahora, se trata de una ruptura definitiva.

La comentarista religiosa Phyllis Tickle señaló este momento como uno de esos despertares periódicos o "ventas de garaje" que el cristianismo realiza aproximadamente cada quinientos años, cuando desecha lo que ya no es útil y se reforma para la era venidera. En sus últimos años, prometió que estábamos entrando en "la Era del Espíritu", cuando nuestra obsesión por el orden y el control se volvería en nuestra contra, y nos veríamos obligados a depender de los astutos caminos del Espíritu Santo. "Nos quedaremos boquiabiertos de asombro", comentó en una conferencia de la Iglesia Emergente en Memphis en 2013 (yo estaba sentada en los bancos tomando apuntes febrilmente). "Creo que estamos viendo un cambio en el cristianismo tan dramático como aquel primer incendio de Pentecostés". Nuestra antecesora tenía más razón de lo que ella misma sabía. ¿Quién podría haber predicho que tantas cosas se resquebrajarían, se agrietarían y finalmente se abrirían del todo? Ahora que está ocurriendo, ¿qué hacemos? Abordaremos esta última cuestión en los capítulos siguientes. Por ahora, me gustaría examinar el trastornado panorama cultural y social que nos rodea.

## El gran desenlace

Alan Roxburgh es un excelente guía para comenzar nuestra exploración. En su libro *Joining God, Remaking Church, Changing the World* [Unirse a Dios, remodelar la Iglesia, cambiar el mundo], explora la historia de un grupo de "familias" eclesiales que él llama "*las iglesias eurotribales*". Estas comunidades de fe se remontan a la migración de personas de Inglaterra, Escocia, Irlanda y Europa del Norte después de las Reformas de los siglos XV y XVI y la expansión de los imperios coloniales.[6] En este árbol genealógico, los episcopales y congregacionalistas se remontan a Inglaterra, al igual que los bautistas y metodistas (que son una ramificación del anglicanismo). Los presbiterianos provienen de Escocia. Los luteranos llevan en su ADN a Alemania y Escandinavia. Los menonitas se remontan a los Países Bajos y Alemania.

Aunque ahora abarcan todo el mundo, estas familias confesionales, en su mayoría blancas, siguen identificándose con las tendencias culturales de sus antepasados. En muchas de estas Iglesias, incluida mi propia Iglesia Episcopal, es difícil diferenciar entre lo que es sagrado y esencial y lo que es en realidad preferencia racial, cultural y de clase. La identidad blanca y el cristianismo estadounidense tradicional se han vertido y mezclado en el mismo frasco, y juntos sirven a los propósitos del Imperio.[7] Este término tan reconocido, pero con significados profundos, "imperio", se utiliza para describir a una nación que ejerce su poder sobre otra, ya sea a través de la imposición colonial, la dominación militar, el control político o métodos indirectos de influencia.[8] Por ejemplo, los imperios romano y británico se extendieron hacia tierras lejanas y dependían de asambleas locales y gobernadores que reconocían la soberanía (o el dominio) de Roma o Inglaterra. En cambio, el Imperio estadounidense ha ejercido control a través de la fuerza militar y mecanismos indirectos como la economía y la cultura. El sociólogo George Ritzer lo llama la "McDonaldización" del mundo.

El colonialismo puede entenderse casi como un subconjunto del imperio. El Diccionario Oxford de la lengua inglesa define el *colonialismo* como "la política o práctica de adquirir control político total o parcial sobre otro país, ocupándolo con colonos y explotándolo económicamente".[9] Por ejemplo, los británicos colonizaron enviando colonos que desplazaron a los habitantes originales, ocuparon permanentemente sus tierras, utilizaron los recursos de la colonia en beneficio de los colonos y del gobernante imperial, y de esta manera establecieron el poder físico, político y cultural del Imperio. Las iglesias eurotribales fueron esenciales para este proyecto (exploraremos esta historia con mucho más detalle en los capítulos 3 y 4).

Los grupos culturales del norte de Europa controlaron gran parte de la vida cristiana estadounidense, aunque no fueron los únicos cristianos aquí. En los siglos XVIII y XIX, los negros representaban entre una sexta parte y un tercio de la población de la mayoría de las colonias y estados. Más tarde, los europeos del sur, provenientes de Italia y Grecia, y sus primos del este de Europa, aportaron una variedad de nuevos aromas, sabores, tonos de piel y formas de ser a Estados Unidos.

Frente a la existencia de estos grupos no tradicionales, las iglesias eurotribales se encontraban ante una elección: embarcarse en la exploración, conocer a los marginados y a los recién llegados, y formar comunidades cristianas más adaptables culturalmente; o funcionar principalmente como instituciones de asimilación que orientan a los forasteros hacia una relación subordinada con el centro blanco.

A riesgo de generalizar en términos amplios, los metodistas y bautistas estaban más dispuestos a invertir energía y recursos en la empresa misionera, abrazando avivamientos al aire libre y un ministerio audaz con blancos y negros, ricos y pobres. Por otro lado, en el extremo del continuum, en diferentes grados, los episcopales, luteranos, menonitas y presbiterianos preferían recibir a nuevas personas en sus enclaves culturales existentes... si es que acogían a grupos externos en absoluto.

La estrategia de asimilación de estos últimos estaba destinada a desmoronarse con el tiempo; la lógica y los números así lo exigían. Los inmigrantes llegaban con sus propias tradiciones religiosas, muchos de ellos cristianos católicos romanos u ortodoxos, además de grupos no cristianos como judíos (que ya estaban presentes, pero aumentaron debido a la persecución en Europa), musulmanes, budistas, hindúes y más. En algún punto, las leyes de inmigración tenían la intención de frenar artificialmente el flujo y favorecer la migración europea. Esto cambió en 1965, cuando Estados Unidos dejó de luchar contra la realidad y la Ley de Inmigración y Naturalización abrió oficialmente las puertas, eliminando temporalmente las cuotas que favorecían a Europa y a los blancos.

Ese mismo año el Congreso aprobó la Ley del Derecho al Voto y protegió el derecho de los negros a las urnas. La década de 1960 también dio vida a amplios movimientos de liberación entre las mujeres y los chicanos (mexicano-estadounidenses) que, a su vez, impulsaron movimientos por la liberación de los homosexuales, los derechos de los discapacitados y mucho más. Una generación creció alzando la voz para reclamar derechos civiles y autodeterminación, y para hacer frente a las jerarquías y restricciones sociales. En otras palabras, se opusieron a los hombres blancos, heterosexuales y sanos que eran el rostro y la voz del cristianismo estadounidense dominante. Las líneas de batalla de las guerras culturales estaban trazadas.

Detrás de todos estos cambios culturales e identitarios se escondía un cambio aún más fundamental: la gente reivindicaba su derecho a no tener ninguna fe. Desde 1990, la proporción de personas que afirman no tener ninguna tradición religiosa (los "no practicantes" o *nones*, en inglés) ha crecido exponencialmente en el panorama religioso estadounidense.

A principios del siglo XXI, los avances digitales aceleraron el ritmo del cambio cultural. En nuestro libro *The Episcopal Way* [El camino episcopal], Eric Law y yo intentamos trazar un mapa de los cambios sísmicos que sacudían a la Iglesia y a la sociedad,[10] desde el impacto de Internet y las redes sociales hasta el funcionamiento cerebral, las interconexiones y la teoría emergente, la distribución más equitativa de la autoridad (*flattened authority*), la globalización y el secularismo. Concluimos nuestro análisis señalando: "El Estados Unidos en el que ahora habitamos es todo un territorio desconocido: se mueve más deprisa, está lleno de voces y culturas emergentes, se desarrolla tanto en carne y hueso como en línea. Lo local se globaliza, y lo global aparece de repente en la puerta de entrada."[11].

Los grupos cristianos tradicionales en Estados Unidos intentaron adaptarse a esta travesía por territorio desconocido, pero no avanzaron mucho. A partir de la década de 1970, las iglesias evangélicas y pentecostales emergentes abrazaron la música, el lenguaje y especialmente los medios de comunicación que reflejaban la cultura circundante, pero reforzaron sus identidades conservadoras en términos de género y política. Ahora son la voz más fuerte y reconocible del cristianismo en Estados Unidos, y a menudo hablan en oposición directa e incluso violenta a las generaciones y culturas emergentes.

Durante el mismo periodo, los protestantes de tendencia más moderada y liberal han trabajado arduamente para ajustar sus posturas sociales a las demandas públicas de liberación. Lo considero una bendición, ya que las Escrituras afirman que Dios actúa allí donde las personas honran la dignidad humana de los demás, contribuyen al florecimiento común y crecen en el amor (1 Juan 4:7-12). Por desgracia, aunque los miembros de estas Iglesias dominaban el lenguaje de la inclusión y la bienvenida (los episcopales somos conocidos por nuestros carteles que anuncian "La Iglesia Episcopal le da la bienvenida"), en general se mostraban más reticentes a comprometerse con el público o a aventurarse más allá de las identidades euro-tribales, las preferencias culturales, la estética y los estilos de culto de sus fundadores. No creo que estas Iglesias tuvieran siempre la intención de excluir a los grupos y culturas no tradicionales. Cuando uno ama algo (especialmente algo relacionado con lo sagrado), es difícil imaginar por qué los demás no lo amarían también. En ese modelo, la segregación es casi inevitable.

Ante la falta de esfuerzos significativos por parte de cualquier iglesia tradicional para adentrarse en los lugares donde se hallaban las personas y honrar la vida de Dios en culturas y espacios marginados, solo era cuestión de tiempo antes de que los estadounidenses más jóvenes y cada vez más diversos dejaran de intentar encontrar un camino hacia las fortalezas amuralladas de estas instituciones. Como compartió un milenial con mi colega Carrie Boren Headington, una evangelista y líder de sanación racial en la Diócesis de Dallas: "Nuestros lugares de trabajo, lugares de encuentro social e incluso nuestras familias son mucho más diversos que la iglesia. ¿Por qué iríamos a la iglesia, donde nosotros y nuestros amigos no nos sentiríamos cómodos debido a su homogeneidad? Siento que Dios está más fuera de la iglesia que dentro".

¿Qué significa todo esto? Si volvemos a la metáfora de Roxburgh de desenredar, ahora podemos ver que el tapiz del cristianismo estadounidense tradicional (ya lleno de hebras sueltas) se ha enganchado, jalonado y desenredado sin remedio. ¿Podríamos simplemente devolver algunos hilos? Roxburgh advierte contra las soluciones técnicas fáciles. "Lo nuestro no es un simple desenredo: es uno de grandes proporciones, porque algo sumamente valioso e inmensamente importante para nosotros se ha deshecho y ya no puede volver a tejerse".[12]

Sea cual sea el cristianismo tradicional en Estados Unidos, ya no puede pretender ser lo que era. El declive nos ha hecho tambalear y desmoronarnos. Hemos entrado en territorio desconocido. Hemos sido humillados y despojados de nuestro lugar. Estamos hechos trizas.

## En camino hacia la cruz

Todo esto nos lleva al año 2020 y al advenimiento de un virus letal que se propaga con particular vigor en las multitudes, la proximidad física cercana y dondequiera que las personas hablen, canten o compartan alimentos. En otras palabras: entre las comunidades de fe. A principios de la primavera, las congregaciones empezaron a cerrar sus puertas, inicialmente con pasos vacilantes, luego con contundentes y apocalípticos portazos. Las lecturas de Cuaresma coincidían con nuestra experiencia. En el tercer domingo de Cuaresma, nos encerramos y acompañamos a los israelitas en el desierto (Éxodo 17:1-7). Ellos "reñían y ponían a prueba al Señor, diciendo: ¿Está o no está el Señor entre nosotros?", nos hicimos eco de sus gritos lastimeros. Los israelitas se quejaron con Moisés e imploraron provisiones; nuestros líderes y voluntarios, agotados, se apresuraron a ofrecer culto, atención pastoral y servicios comunitarios urgentes sin causar más daño que bien. La pérdida de la Comunión fue quizá la más aguda. ¿Dónde estaba nuestro maná? ¿Dónde estaba el agua de la vida?

El cuarto domingo de Cuaresma, el 22 de marzo, toda mi ciudad de Nueva York entró en confinamiento. Las calles estaban vacías, excepto las ambulancias que se dirigían a hospitales colapsados. El salmo designado para ese día fue el Salmo 23:

> El Señor es mi pastor;
> nada me faltará.
> En verdes praderas me hace descansar
> y me conduce junto a aguas tranquilas.

Me devuelve el aliento
y me guía por sendas justas por amor de su nombre.
Aunque camine por el valle de las sombras de la muerte,
no temeré ningún mal,
porque tú me acompañas.
Tu vara y tu cayado me alientan.

Ayudó saber que otros habían recorrido este camino antes y habían encontrado a Dios presente y fiel. Pero, aun así, dolía no poder tocarnos o respirar juntos, especialmente cuando tantos entraron en el valle de sombra de muerte.

En el quinto domingo de Cuaresma, observamos cómo Jesús emprendía la solemne jornada de visitar a su querido amigo Lázaro, ya muerto y en la tumba por cuatro días (Juan 11). La frase más breve de la Escritura: "Jesús lloró", se convirtió ahora en una de las más significativas. Este Jesús que sufrió con sus amigos, lloró con sus amigos y amó a sus amigos: este era el rostro de Dios que anhelábamos contemplar con desesperación.

La Semana Santa parecía más de la Iglesia primitiva que del siglo XXI. Éramos como aquellos que estaban en las catacumbas, desterrados de nuestros edificios, reunidos y rezando en pequeños círculos, encontrándonos unos a otros en línea para contar historias y recordar a quienes amábamos. Las comidas tenían matices de la Última Cena de Jesús el Jueves Santo. Su soledad en el huerto, justo antes de que las autoridades vinieran a llevárselo, se hacía palpable en el aislamiento de aquellos que iban a morir solos.

El Viernes Santo no requirió ninguna representación teatral. La cruz estaba en todas partes. En las noticias, en santuarios vacíos, en morgues abarrotadas, en hogares luchando por la supervivencia económica, se podía escuchar el clamor del salmista:

Dios mío, Dios mío, ¿por qué me has abandonado?
¿Por qué estás lejos de mi llanto
y de mis palabras afligidas? (Salmo 22:1)

Y cuando finalmente Jesús "inclinó la cabeza y entregó su espíritu" (Juan 19:30), sentimos que la vida se nos iba. Para demasiados, ya no volvería.

¡Cómo necesitábamos la Pascua en 2020! Necesitábamos resurrección, luz y un Dios que derrotara la muerte de una vez por todas. Y aunque algunos de nosotros agarramos ese vibrante hilo de esperanza, escuché a amigos que han sido clérigos y líderes de Iglesia durante la mayor parte de sus vidas comenzar a cuestionar cómo seguirían sirviendo.

Aun así, la pandemia seguía arremetiendo. Las restricciones provisionales se convirtieron en adaptaciones casi permanentes. Incluso si pudiéramos encontrar una forma de sostenernos económicamente, ¿podríamos aprender a ser iglesia y comunidad en un entorno radicalmente diferente, durante un tiempo indeterminado? ¿O algo fundamental sobre ser iglesia y ser Estados Unidos se estaba desmoronando? ¿Era hora de imaginar nuevas realidades? El profesor jesuita Tomás Halík ciertamente pensaba así. Escribió en la revista *America*:

> Quizás este tiempo de templos despoblados expone simbólicamente el vacío oculto de las iglesias y su posible futuro, a menos que hagan un esfuerzo serio por mostrar al mundo un rostro completamente diferente del cristianismo. Hemos pensado demasiado en convertir al mundo y menos en convertirnos a nosotros mismos: no simplemente mejorar, sino un cambio radical de un "ser cristianos" estático a un "convertirnos en cristianos" dinámico.[13]

Habíamos invertido mucho capital financiero, emocional y espiritual en nuestros edificios como lugar de lo sagrado (o al menos del encuentro más intenso con lo sagrado) y en los sacramentos del Bautismo y la Eucaristía como la forma más plena de recibir el amor y el espíritu de Dios. Habíamos comunicado (con nuestros actos, aunque no siempre con nuestras palabras) que la mediación del clero es esencial para una conexión sostenida con Dios. ¿Podría Dios guiarnos a través de una reforma radical, capacitándonos para ver y celebrar la santidad más cerca de casa, y confiar en los laicos para desarrollar una relación íntima con Dios y entre ellos, más allá del control del clero? Ahora que no podemos ir a la iglesia, ¿podríamos centrarnos en *ser* la iglesia?

En muchos lugares, la respuesta ha sido: "Sí". Las iglesias informaron de que personas que se habían dado de baja hace tiempo ahora habían vuelto a conectarse, porque había menos presión para mantener las apariencias. Muchas congregaciones empezaron a apoyarse en jóvenes digitalmente nativos que esperaban una oportunidad para liderar. Se formaron nuevas redes para alimentar a vecinos hambrientos, y nuevos esfuerzos misioneros conectaron con personas espiritualmente ávidas y solitarias. Pero la pregunta seguía siendo: ¿podríamos mantener esa fidelidad y apertura en una estancia prolongada por tierras desconocidas? ¿O minimizaríamos los cambios y devolveríamos las piezas rotas a su forma original lo antes posible?

## Los cimientos se desmoronan

Con el asesinato de George Floyd el 25 de mayo de 2020, llegó una nueva sacudida que conmocionó hasta la médula al mundo, a Estados Unidos y a las comunidades de fe.

No nos equivoquemos: la ira, la agonía y el reclamo por un cambio no empezaron en las calles de Minnesota. La violencia patrocinada y sancionada por el Estado contra los nativos, los negros, los marrones y los asiáticos forma parte de la historia de Estados Unidos desde que existen los Estados Unidos. En cada coyuntura, nosotros, las comunidades de color y nuestros amigos hemos resistido.

Incluso los guerreros del movimiento que han estado en las trincheras desde los años 1950 y 1960 percibieron algo diferente en esta crisis. El dolor y la grieta en los cimientos eran más profundos. Si has visto el vídeo de la muerte de George Floyd, ya sabes porqué. La muerte no era algo nuevo. Por más aterrador que parezca, como cultura nos habíamos empezado a adaptar a la muerte de personas negras en el cine. Pero esos números: 8 minutos, 46 segundos. El llamado a su madre fallecida, "Mamá, Mamá." Su súplica, "No puedo respirar." Rompió barreras. Nos quebró.

Me pregunto si el resquebrajamiento de la primera pandemia nos abrió para que pudiéramos ver y sentir de nuevo la obstinada realidad del racismo y la opresión. La gente escuchó el grito moribundo de George Floyd en las ciudades de Estados Unidos, pero también en sus pequeños pueblos y suburbios. Lo escucharon en Londres, Tokio, Lusaka y Bogotá. Si mirabas a las multitudes, veías personas de todas las razas. Si te acercabas un poco más y hacías los cálculos, al menos en Estados Unidos, a menudo las personas blancas constituían la mayoría.

Personas de todas las razas se reunieron con el corazón destrozado para pronunciar los nombres de los fallecidos, y había tantos nombres que decir: Ahmaud Arbery, asesinado en Georgia por autodefensas que casi se evadían sin siquiera una investigación; Breonna Taylor, una paramédico asesinada por la policía que irrumpió en su casa de Louisville sin previo aviso (el fiscal general de Kentucky no presentó cargos contra los agentes que la mataron); Elijah McClain, un vulnerable joven negro que tocaba el violín, asesinado por la policía en Colorado en 2019 mientras regresaba a casa desde la tienda de comestibles.

Finalmente, una masa crítica de personas vio la conexión entre estas muertes y la deportación masiva, la histeria anti-musulmana, el encarcelamiento generalizado, los tratados rotos, la segregación de Jim Crow, los linchamientos, el antisemitismo, los campos de internamiento japoneses, la esclavitud, el genocidio de los pueblos originarios, el Destino Manifiesto y los otros males del racismo que están en el núcleo de la identidad y los sistemas estadounidenses. Parecía que millones de blancos se estaban dando cuenta de que la supremacía blanca también había asfixiado y encarcelado sus almas. En todas partes la gente reconocía la verdad que otros sabíamos desde el principio: el "problema" no son las personas de ascendencia negra, indígena, latina o asiática. El "problema" no es la división y la separación.

El problema es el *racismo*, "una creencia de que la raza es un determinante fundamental de los rasgos y capacidades humanas y que las diferencias raciales producen una superioridad inherente de una raza particular; también es la opresión sistémica de un grupo racial en beneficio social, económico y político de otro".[14]

El problema es la *supremacía blanca*. La supremacía blanca no se limita a grupos de odio con antorchas estilo tiki y cruces ardientes; es una ideología, cultura y conjunto de sistemas que, en conjunto, afirman la superioridad de las ideas, creaciones, acciones y la humanidad blanca, garantizando así la prosperidad y dominación de las personas y culturas blancas.

El problema es toda una nación fundada en la ideología de la supremacía blanca y dedicada a la prosperidad y la dominación de los blancos, una nación cuya existencia depende del consumo y el descarte de las vidas y los cuerpos de las personas de color.

El problema es la *blanquitud*. No se trata simplemente de tener piel blanca o de color claro, ni siquiera de rastrear tu ascendencia hasta Europa. La blanquitud es el paraguas que cubre, protege y eleva a las personas de piel clara (y a otras que elige absorber) mientras deja a las personas no blancas vulnerables ante la violencia, la subyugación y la explotación. Willie Jennings explica que la condición racial blanca "designa los cuerpos blancos como ejemplos de belleza, bondad y verdad" y luego invita a "múltiples personas a imaginar sus mundos a través de cuerpos blancos".[15] Es importante tener en cuenta que la blanquitud no es lo mismo que la identidad racial; cualquier persona puede participar en la condición racial blanca, y cualquier persona puede resistir los sistemas de superioridad y dominación racial blanca.

Finalmente, el problema son las iglesias, especialmente aquellas que representan la mayoría del cristianismo estadounidense, que están en declive precisamente porque han apostado por el Imperio, el orden establecido y la blanquitud en lugar del evangelio de Jesucristo.

Este despertar ha sido como si escamas cayeran de nuestros ojos, como si se agrietaran y rompieran algunos frascos. Fue como Harry Potter y sus amigos diciendo finalmente "Voldemort", el nombre que no debe ser nombrado, pero para nosotros las palabras fueron "supremacía blanca", "blanquitud" y "racismo". Cuanto más las pronunciamos, más poderosos y libres nos sentimos.

Sin embargo, no podemos detenernos solo con decir la verdad y romper el frasco. Entre el declive sistémico, la pandemia mundial y un histórico ajuste de cuentas racial, la nación y la Iglesia quedaron en trizas. Pudimos ver lo que yacía en el centro de la vida e identidad de la Iglesia como nunca antes. ¿Qué debíamos hacer con estos despojos, y la verdad que revelaban?

## La decisión es suya

La inercia es la ley de la física que establece que la materia siempre continuará en su estado actual de reposo o movimiento en una dirección particular, a menos que ese estado sea modificado por alguna fuerza externa. Las instituciones y culturas son duraderas en parte porque obedecen la ley de la inercia. Incluso si crees que has ejercido un fuerte empuje externo y has desviado un objeto en movimiento o toda una institución de su curso establecido, espera. Solo espera. Con apenas un empujón, el objeto volverá a derivar hacia su trayectoria original.

Piensa en tu propia experiencia. Cuando ves una grieta, ¿cuál es tu primer instinto? Empujar las piezas de nuevo juntas y taparlas con un parche. Tarde o temprano, un contratista llega con malas noticias: aquí hay daños profundos y si no los enfrentas, en poco tiempo toda la estructura estará seriamente comprometida. Suspiras y negocias. No sé tú, pero yo tengo una sorprendente capacidad para engañarme a mí misma sobre cuán dañada está la estructura. Con suficiente cinta adhesiva y amarres, volverá a la normalidad.

Así ocurre también con una nación y una iglesia. En medio del desplazamiento, la desestabilización y el descentramiento, los estadounidenses y los miembros de la Iglesia se han visto tentados a reponer, reestabilizar y recentrar. Volvamos al edificio. Animemos a los manifestantes a abandonar las calles y plasmar sus demandas legislativas en leyes concretas. Superemos la división. Restablezcamos al cristianismo tradicional estadounidense a su anterior y privilegiada posición cultural.

O podríamos reconocer el desentramado, la grieta y el resquebrajamiento como portadores de verdad e incluso como un don, un obsequio. Quizás, como sugirió Roxburgh, el Espíritu Santo ha estado guiando y llamando a los cristianos "a abrazar una nueva imaginación, aunque la otra debió desentrañarse para que pudiéramos verla tal como era. En este sentido, el malestar en nuestras iglesias ha sido la obra de Dios."[16] Sus palabras me recuerdan el mensaje de texto que compartí al principio de este libro, en el que me preguntaba si la Iglesia se ha resquebrajado y Dios está detrás de todo. Una iglesia que ha sido humillada por los trastornos y el declive puede ser una iglesia menos arrogante y presuntuosa. Puede tener menos ilusiones sobre su propio poder y centralidad. Puede volverse curiosa. Puede que esté menos dispuesta a aliarse con los imperios y poderes que la han definido durante tanto tiempo. Quizás finalmente reconozca cuánto necesita el auténtico poder y sabiduría del Espíritu Santo. Esa es una iglesia en la que Dios puede obrar.

Dios no hizo que nuestras iglesias se redujeran, al igual que Dios no propagó intencionalmente el COVID-19, ni ha impulsado la opresión de personas negras, indígenas, latinas, asiáticas o de cualquier otro grupo vulnerable en esta nación. Pero una y otra vez, Dios convierte aquello que estaba destinado al mal y al sufrimiento en una fuerza capaz de salvar y sanar a una multitud (Génesis 50:20).

Dios tomó el cuerpo quebrantado de su propio hijo y lo resucitó. Dios puede tomar estos hilos deshilachados y estos jirones y tejerlos en un nuevo tapiz. Dios puede tomar las piezas rotas de la iglesia, el cuerpo de Cristo, y dar forma a una nueva según los propósitos de su corazón. No será la misma vida ni el mismo cuerpo, sino uno resucitado que lleve las marcas de lo antiguo y lo nuevo.

La disrupción y el declive no representan el final de una historia con Dios. En nuestro caso, se convierten en el sendero que nos conduce hacia la comunidad de amor de Dios.

# 2

# Nueva esperanza para la Comunidad Amada

*Esta es la hora propicia; el momento crucial para la Iglesia. En las últimas cinco décadas, ha llevado a cabo una labor sobresaliente al redescubrir el propósito de Jesús. A pesar de esto, sus esfuerzos por materializar este propósito, por avanzar valientemente mediante profundas transformaciones y reconstrucciones, han sido escasos y titubeantes en el establecimiento del Reino de Dios, el reino del amor, en la tierra...*
—Vida Scudder, *The Church and the Hour*[1]

En todas partes del mundo, existe un anhelo profundo por una comunidad amada. No se necesita ser religioso para sentir esta necesidad. Hay algo fundamental y conmovedor en las comunidades donde las personas se apoyan mutuamente para alcanzar su pleno potencial, donde cada individuo se compromete tanto con su propio crecimiento como con el bienestar colectivo. En estas comunidades, los miembros están dispuestos a sacrificar su comodidad e incluso su vida por el beneficio de los demás y por la realización de un sueño compartido.

No es necesario ser religioso para anhelar una comunidad amada. Siento que los seres humanos estamos equipados con un mecanismo interno que se activa y brilla cuando presenciamos personas y comunidades motivadas no por el ego, sino por el amor desinteresado que comparten.

Pero si eres religioso, y desde luego si eres seguidor de Jesucristo, la noción de una comunidad amada debería ser uno de los principios fundamentales de tu fe. Eso es lo que Jesús le dijo al joven rico que le preguntó por el mayor de los mandamientos. Jesús le dijo: "Amarás al Señor tu Dios con todo tu corazón y con toda tu alma y con toda tu mente". y "Amarás a tu prójimo como a ti mismo" (Mateo 22:37-29). Jesús acogió a la gente en una comunidad de amor contracultural y de entrega, con Dios en el centro.

Es cierto que el ideal puede perder fuerza y comenzar a asemejarse a un anuncio comercial de Coca-Cola, mostrando personas de diferentes colores tomándose de la mano y dando vueltas alrededor del mundo. También puede asemejarse a "una coalición liberal y multicultural de ciudadanos comprometidos con diversas estrategias de transformación social en busca de alguna noción universal del bien".[2] Aunque no está mal, no justifica ser el propósito de tu vida. En cambio, opta por la visión sólida e inflexible del reino de amor de Dios. Para nosotros, es un sueño. Para Dios, es una realidad.

Aunque hayamos fracasado mil veces antes, no dejemos pasar esta hora sin invocar a Jesús y a los profetas una vez más. Observa cómo el reino de Dios ya está irrumpiendo y cómo el Espíritu nos capacita para unirnos a ese movimiento. Especialmente ahora, mientras las fuerzas del imperio y el orden establecido, fundamentadas en sus propios intereses egocéntricos, se esfuerzan por reconstruir las partes dañadas de nuestra vida nacional y eclesiástica, debemos esforzarnos y orar para que Dios nos transforme nuevamente a la imagen de la comunidad amada de Dios. Si no es ahora, ¿entonces cuándo?

## Pioneros de la Comunidad Amada

Una consideración profunda sobre la comunidad amada en la actualidad debe reconocer el legado de pioneros como Verna Dozier, Martin Luther King Jr., Dietrich Bonhoeffer, Howard Thurman, Josiah Royce y Georg Hegel. Dentro de este grupo, King es reconocido principalmente por haber arraigado el concepto de la comunidad amada en la conciencia moderna. En 1956, al concluir el boicot a los autobuses de Montgomery, King señaló a los manifestantes el ideal de la comunidad amada como su meta final:

> Al boicotear, debemos recordar que el boicot no es un fin en sí mismo; es sólo un medio para despertar la vergüenza del opresor y desafiar su falso sentido de superioridad. Pero el fin es la reconciliación; el fin es la redención; el fin es la creación de la comunidad amada. Es este tipo de espíritu y este tipo de amor el que puede transformar a los adversarios en amigos... Es este amor el que producirá milagros en los corazones de los hombres.[3]

King enfatizaba que la acción y reacción en las calles y en los tribunales debían ser agentes de cambio en las políticas, transformar los corazones y modificar el estilo de vida de toda la comunidad. Siguiendo la línea de los profetas anteriores, él luchó por una familia humana reconciliada, donde el amor milagroso posibilitara lo que de otra manera sería imposible: poner fin a sistemas opresivos, redimir el alma mancillada del opresor y alcanzar la verdadera libertad, comunión y plenitud de vida para todos los hijos de Dios. Este era el auténtico propósito por el que trabajaban y padecían.

En este sentido, King se alineaba con líderes como Howard Thurman. Thurman, quien era místico, activista y académico, fue decano de la capilla en la Universidad de Boston, donde King estudió.

En 1936, cuando King era solo un niño de siete años y asistía a la Iglesia Bautista Ebenezer en Atlanta, Thurman lideró una delegación afroamericana que viajó a la India para reunirse con Mahatma Gandhi. Ambos compartieron compromisos en común por la no violencia y los derechos civiles, un encuentro que inspiró a Thurman a concebir esta visión generosa de la comunidad amada:

> Hay un espíritu presente en la vida, del cual la ética judeocristiana es solo una expresión. Es un espíritu que anhela la integridad y la comunidad... no está limitado por fronteras y encuentra aliados donde hay bondad en el corazón y un esfuerzo colectivo y privado por buscar justicia en medio de la injusticia, por sembrar paz en medio del caos y por ser la voz de los desamparados y vulnerables. Es la voz de Dios y la voz humana; representa la esencia de los esfuerzos de toda la humanidad hacia un mundo de hermanos y un cielo acogedor.[4]

La imagen de Thurman sobre "un mundo de hombres [y mujeres] amistosos bajo un cielo amistoso" trasciende la simple tolerancia. Busca una transformación radical de uno mismo hacia Dios y hacia los demás. Incluso su elección de la palabra "amistoso" implica una relación más profunda de lo que parece inicialmente. Thurman interpreta "amigo" de la misma manera que Jesús lo hizo al decir: "Nadie tiene mayor amor que este: que uno ponga su vida por sus *amigos*" (Juan 15:13, mi énfasis). Los amigos sacrifican y entregan su vida para aliviar el sufrimiento de aquellos a quienes aman. Están sujetos a la ley celestial (el "cielo amistoso" de Thurman), no a las leyes injustas de la tierra. El mundo imaginado por Thurman, lleno de personas amistosas bajo un cielo amistoso, contrasta totalmente con el imperio y abraza con fervor la comunidad amada de Dios.

Tanto King como Thurman se nutrieron ávidamente de las Escrituras y las tradiciones de liberación negra. Además, encontraron inspiración en la sabiduría de pensadores como Josiah Royce, a quien se le atribuye ser uno de los primeros en hablar de la "comunidad" de los "amados".[5] Si rastreamos sus raíces, descubriremos que Royce se fundamentó en las ideas de Georg Hegel, quien en 1831 mencionó el "Reino de la reconciliación" y una "unidad perfectamente vivida de individuos unidos en un coro divino".[6] Royce llevó el pensamiento de Hegel un paso más allá al expresar: "En el Reino, tú, tu enemigo y aquel extraño, se convierten en uno. Porque el Reino representa la comunidad de los amados de Dios".[7]

Royce imaginaba una comunidad no excluyente saturada de amor práctico y abnegado. Definía este amor como "lealtad"[8] e insistía en que podía extenderse a otra persona o pequeño grupo, a una comunidad o a una causa compartida. Con el tiempo, podría llegar a ser tan "plenamente incluyente" que abarcaría y honraría incluso a personas que no estuvieran en su círculo.[9] Para él, esa era la realización de la comunidad amada.

No es que Royce esperara realmente que la gente por sí misma creara esas comunidades. Somos humanos. Nos hacemos daño unos a otros, a menudo sin siquiera intentarlo. Cuando la comunidad sufre una herida o una injusticia, se abre una brecha. La única forma de arreglarlo y de volver a unir a la comunidad es mediante la expiación. ¿Qué es la expiación? La expiación es un acto de sacrificio o reparación espiritual realizado por un individuo o un grupo, casi como un obsequio a la comunidad en su conjunto.[10] Este acto de entrega impacta tanto en la conciencia del adversario que los hace vulnerables y permite la intervención del espíritu de Dios. La expiación provoca la alquimia espiritual que transforma sus corazones de piedra en carne.

Si esta idea te parece confusa o ajena, considera el testimonio de la resistencia no violenta. Piensa en Jesús ofreciendo la otra mejilla, en Ghandi haciendo huelga de hambre o en Fannie Lou Hamer sentada en una celda de Mississippi. Estos practicantes de la confrontación no violencia optaron por realizar sacrificios extraordinarios, tanto espirituales como físicos. ¿Por qué lo hicieron? Porque confiaban en que, al resistir la violencia y mirar a sus oponentes con la paz de Dios y la fuerza de su alma, estos se sentirían tan avergonzados y conmocionados en su conciencia que cesarían su comportamiento perjudicial. Más aún, podrían replantearse su propia identidad y realidad, cuestionando por qué alguna vez se consideraron superiores o separados del oprimido que tenían frente a ellos. Esto podría llevarlos a comprometer su vida con el camino no violento del amor y unirse a la comunidad amada.

Ni Royce, ni Thurman, ni King tenían la expectativa de que algún grupo lograra alcanzar este estado ideal y reconciliado, pero todos mantenían la confianza en que el esfuerzo valdría la pena. La idea de renunciar a la esperanza simplemente no figuraba como una opción para ninguno de ellos.

Recuerdo a Verna Dozier, una teóloga episcopal negra que se mantuvo firme en la intersección entre la cruda realidad y la esperanza divina. Fue la primera en reconocer: "El mundo no es como Dios lo quiere". Sin embargo, prosiguió: "Los reinos de este mundo aún no reflejan el reino de Dios, pero tienen el potencial de hacerlo. Aún no son el lugar donde se reconozca y viva la soberanía de Dios, pero tienen el potencial de convertirse en eso".[11]

Esa combinación de aspiración y pragmatismo guía la enseñanza de mi propia iglesia sobre la comunidad amada en la actualidad. Cuando la Iglesia Episcopal asumió un compromiso a largo plazo con la sanación racial, la reconciliación y la justicia en 2017, lo llamamos "Convertirse en una comunidad amada". No es un "Ser", sino un "Llegar a ser". Comprendimos que la comunidad amada es la realización del reinado de Dios, lo que significa que es a la vez una realidad atrayente y una esperanza distante. Nos llama como el futuro preferido por Dios, el resplandeciente faro que vemos a través de la niebla y la lluvia, inspirando y guiando nuestros próximos y mejores pasos hacia el hogar. Es posible que no lleguemos allí, pero sabemos que Dios ya lo ha preparado.

## El amor de Dios en carne y hueso

La comunidad amada representa la visión de Dios para la creación. Por tanto, si buscas ver este concepto encarnado, observa la comunidad que Dios creó cuando estuvo entre nosotros. Contempla a Jesús de Nazaret.

Jesús nunca usó la expresión "comunidad amada"; simplemente la creó. Ese grupo mítico de discípulos, una banda de inadaptados que llegaron a amar a Dios, a los demás y al mundo tanto como a sus propias vidas, ha sido una fuente de inspiración para el cine, la literatura, los movimientos sociales y la vida humana durante más de dos milenios. Dame a Los vengadores, a la Liga de la justicia o a los Osos revoltosos, y te mostraré cómo se asemejan a la comunidad amada de Jesús.

Jesús reunió intencionalmente a aquellos que estaban adentro y afuera, a mujeres con reputación controvertida y hombres sin educación formal, a niños necesitados y a adinerados benefactores, todos ellos apenas comenzando a reconocer sus propias vulnerabilidades y carencias. Les transmitió la idea de que estaban unidos como parte de una misma vid. Cuando intentaron centrar toda la atención en él, redirigió su enfoque hacia Dios y hacia los demás. En momentos en que se obsesionaban por saber quién era el más importante, se humilló y lavó sus pies.

A veces, complicamos la noción de la comunidad amada, quizás para encontrar excusas que nos permitan eludir el sacrificio y el desafío que implica vivir de esa manera. Jesús deshizo meticulosamente esas complicaciones y ofreció mensajes simples pero impactantes, como: "Este es mi mandamiento: que se amen los unos a los otros como yo los he amado" (Juan 15:12). Estas palabras resonaron al morir entre dos criminales, con los brazos extendidos sobre la áspera madera de la cruz, personificando el amor, el dolor, el perdón y la solidaridad.

El apóstol Pablo tenía sus propias peculiaridades, incluyendo el deseo de adaptar el seguimiento de Jesús a su cultura judía, influida por la lengua griega. Sin embargo, incluso él se vio transformado por el llamado de Jesús a formar parte de una comunidad amada, donde los que están al principio son equiparados con los últimos, y las diferencias entre nosotros ya no establecen jerarquías. ¿Cómo sucedió esto? "Porque por un solo Espíritu fuimos bautizados todos en un solo cuerpo, tanto judíos como griegos, tanto esclavos como libres; y a todos se nos dio a beber de un solo Espíritu." (1 Corintios 12:13). Una vez bautizados y revestidos con Cristo, el panorama cambió. Ya no había esclavo ni libre (o más concretamente, esclavo *contra* libre, o esclavo *por debajo de* libre). En Cristo, aquellos que antes estaban lejos y aquellos que antes estaban cerca ahora están en pie de igualdad.

Es posible imaginar que los miembros más privilegiados de la comunidad apartaron a Pablo, recordándole su estatus y sugiriendo que estarían mejor en una sección especial y separada para personas como ellos. Sin embargo, Pablo cerró esa puerta rápidamente. "Pues el cuerpo no consiste de un solo miembro, sino de muchos" le dijo a los corintios. "Si el pie dijera: 'Porque no soy mano, no soy parte del cuerpo', ¿por eso no sería parte del cuerpo?" (1 Corintios 12:14–15). La autosuficiencia en realidad representa una carencia dentro del marco de la comunidad amada. Si piensas que puedes arreglártelas solo, eso indica que aún no comprendes completamente lo que Dios está gestando. Si consideras que todos los demás miembros del cuerpo deben ser como tú, un supuesto fundamental en un imperio, entonces has pasado por alto la gloriosa diversidad, complejidad e interdependencia que Dios ha incorporado en la creación.

En la comunidad amada, nadie es inferior o superior, de mayor o menor valor. "El ojo no puede decir a la mano: 'No tengo necesidad de ti'; ni tampoco la cabeza a los pies: 'No tengo necesidad de ustedes'. Muy al contrario, los miembros del cuerpo que parecen ser los más débiles son indispensables" (vv. 21-22). En la comunidad de amor de Dios, no solo los poderosos no dominan a los demás, sino que aquellos en posiciones más desfavorecidas tienen una relevancia aún mayor. Podrías considerarlo como una especie de discriminación positiva divina. Dado que el mundo ha menospreciado a ciertos grupos, Dios les otorga un honor adicional para contrarrestar esas injusticias y alcanzar la equidad. Sus vivencias se convierten en dones para el colectivo. Su sufrimiento y persecución aportan una valiosa riqueza en sabiduría, vulnerabilidad y compasión. Para Dios y para una comunidad centrada en Dios, los pueblos oprimidos y humillados del mundo son en verdad fundamentales.

## Abrazando las grietas

Los poderosos y privilegiados descubrirán que esta lección es difícil de aprender y aún más difícil de vivir. Quizás por eso es tan complicado para un rico entrar en el Reino de los Cielos, incluso más complicado que para un camello pasar por el ojo de una aguja (Mateo 19:24). Es probable que sea por esta razón que el joven rico rechazó la invitación de Jesús a renunciar a todo por el bien de los pobres y seguirlo (Mateo 19:16-22). El joven rico no sabía cómo podría sobrevivir sin sus posesiones y su posición; estas no solo representaban codicia, sino que lo definían. Jesús se ofreció a enseñarle a abandonar los comportamientos egocéntricos y egoístas, a entregarse y vaciarse de sí mismo. Sin embargo, el joven no deseaba esa libertad ni, en última instancia, esa alegría. Y la verdad es que la mayoría de los seres humanos tampoco la desean.

La palabra para este movimiento contraintuitivo y descendente es *kénosis*, y está intrínsecamente relacionada con la comunidad amada. Proviene del griego *kenos*, que significa "vacío", por lo tanto, la kénosis se refiere al acto de vaciarse uno mismo. En términos teológicos, describe la decisión voluntaria de Jesús (o su vaciamiento) de su divinidad pura para encarnarse como ser humano, vivir y amar como uno de nosotros, y finalmente, enfrentar la muerte de un marginado. Podría profundizar más sobre la kénosis, pero es tan esencial para abrirse a ser una comunidad amada que dedicaremos el capítulo 6 a este concepto.

Cuando pienso en la kénosis en el contexto de la comunidad amada, me viene a la mente la comunidad descrita en los Hechos: personas de diversas profesiones y culturas compartiendo sus habilidades para que nadie careciera ni tuviera más de lo necesario. Si tenías una fe más fuerte, la compartías con aquellos que la necesitaban. Si poseías más recursos financieros, los destinabas a un fondo común para asegurar que todos tuvieran suficiente. Si tenías un gran conocimiento, lo enseñabas a los demás. Y utilizabas tu influencia para proteger a los más vulnerables. Aquel grupo de seguidores de Jesús se reunía para orar, compartir comidas y entonar cánticos tanto en sus hogares como en los espacios del templo. Su adoración resonaba con alabanzas a Dios, y difundían las buenas nuevas y el amor entre sus prójimos de una manera tan contagiosa y revitalizante que otros ansiaban adoptar ese camino de entrega contracultural (Hechos 2:42-47). La comunidad amada era tan conmovedora y persuasiva que aquellos a su alrededor se preguntaban admirados: "¿Quiénes son estas personas que irradian tanto amor?".

El teólogo postcolonial Christopher Duraisingh destaca que este es el verdadero mensaje del Evangelio. Dios no nos invita a construir una nueva Torre de Babel, donde todos se congreguen en un solo lugar hablando una misma lengua. Tampoco nos llama a ser "individuos autosuficientes, diferentes y aislados", limitados en interacción, incapaces de tocarnos o transformarnos unos a otros.[12] En cambio, según Duraisingh, la dinámica divina se asemeja a Pentecostés, donde comunidades e individuos descubren el valor de ser "abiertos, permeables al otro, mutuamente enriquecedores y plurales en voces". Al contribuir con diversas voces, lenguajes y dones a una comunidad que se transforma de manera recíproca, todos experimentamos cambios y enriquecimiento.[13]

Deseo esa realidad para mí, para la iglesia y para el mundo. Y comprendo que la única forma de dejar atrás nuestros estrechos círculos de seguridad y uniformidad, para adentrarnos en un nuevo ámbito cargado de profunda incomodidad, desafío y santidad, es a través del amor.

## El amor es el camino

La palabra "amor" es tan utilizada que corre el riesgo de perder su esencia. Aun así, es la única fuerza que puede dar vida y vigor a la comunidad amada. Es crucial reafirmar su significado en lugar de permitir que se diluya o se desvanezca.

Una razón para abrazar el amor es que reside en el corazón de Dios. Es el latido, el anhelo, la cercanía de Dios que se revela a través de Jesús. Juan 3:16 confirma esta verdad: "Porque de tal manera amó Dios al mundo, que ha dado a su Hijo unigénito para que todo aquel que en él cree no se pierda mas tenga vida eterna". Detengámonos en esta frase: "Porque de tal manera amó Dios al mundo, que ha dado a su Hijo". Estas palabras, *amó* y *dio*, revelan una faceta crucial de Dios. ¿Qué caracteriza al amor? El sacrificio de la propia vida por el ser amado. ¿Cómo identificamos ese amor en Dios? A través de Jesús, donde Dios se entrega por completo.

Sí, Pablo tenía razón en 1 Corintios 13. El amor *es* paciente y amable. No presume ni busca su propio interés, sino que se entrega a los demás. Es capaz de soportarlo todo, perdonar y resistir. El amor se enfoca en el crecimiento y bienestar del otro, entregando su propia vida. Lo reconocemos porque Dios nos amó primero.

Ahora, piensa en ese amor expandiéndose, de ti hacia mí, de nosotros hacia los demás. Visualiza cómo no se limita a unas cuantas personas, ni a una familia, ni siquiera a un grupo racial o una nación. Imagina cómo abarca incluso a los enemigos, a toda la familia humana y a toda la magnífica creación de Dios.

Aunque solo Dios logra expresar este amor de manera perfecta, se nos invita a unirnos a esa expresión y compartirla. A través del poder del Espíritu, nos expandimos y experimentamos la dicha de dar y amar. Sin embargo, en ocasiones, la impaciencia nos invade y tropezamos, cayendo en el proceso. Pero con la gracia y el perdón plenos de Dios, somos levantados, recordando así la fuerza del amor, y se nos anima a abrirnos nuevamente a la inmensidad y la fuerza del amor divino.

La comunidad amada es aquella que se ve impulsada por un amor desapegado, vaciado de sí mismo y persistente. Busca la integridad y la bondad, mientras tanto, tanto el individuo como el colectivo se esfuerzan y sacrifican por el bien del florecimiento del todo mayor, trabajando por el fin de todas las formas de dominación y opresión que menoscaban a los hijos de Dios. Si yo me inclino constantemente ante ti y tú te inclinas ante mí, si somos verdaderamente amigos mutuos, entonces ambos floreceremos. Si nos unimos a Dios para alimentar y fomentar esa consideración mutua en todas partes, la creación de Dios podría convertirse en una comunidad de amor.

# 3

# Orígenes de la pesadilla

*Antes de verte, el médico necesita conocer tu historial completo. No solo interesa tu propia historia, sino también la de tu madre y la de tu padre. Esta indagación puede extenderse incluso hasta tus abuelos, tanto maternos como paternos. No es posible diagnosticar un problema de manera efectiva sin comprender la historia que rodea el problema que intentamos resolver. No es tan complicado como podrías pensar, de hecho, conocer esta información puede resultar no solo esclarecedor, sino también terapéutico y sanador.*

—Isabel Wilkerson[1]

La historia importa. Tanto tu historia como la mía, nuestras historias: estas narrativas conforman nuestra identidad. Para mantener una esperanza realista y renovada en una comunidad amada, es fundamental reconocer la brecha que existe entre ese ideal y la situación actual de malestar en Estados Unidos y en las comunidades cristianas predominantes en este país. Para lograrlo, debemos relatar con honestidad la verdad de Estados Unidos. Como lectores, llegarán a este momento de disrupción, declive y ajuste de cuentas desde diferentes puntos de partida. Algunos están en un proceso de descubrimiento, y los contornos de la larga identificación de Estados Unidos con el imperio y la dominación, así como la profunda complicidad de las comunidades religiosas, serán una revelación dolorosa. Términos como "supremacía blanca" pueden parecer fuera de lugar, incluso cuando reducimos su significado más allá de las esvásticas, definiéndolo como una ideología, cultura y estructuras acompañantes que privilegian la identidad blanca, asumen su superioridad en prácticamente todos los aspectos de la sociedad y subyugan a los pueblos y culturas no blancas. Si necesitas tomar un descanso, luchar o reflexionar con tus propias respuestas, espero que te permitas hacerlo. La guía de reflexión y acción de *La iglesia abierta en grietas* puede resultarte útil, especialmente si deseas obtener más detalles y sugerencias para la reflexión.

Algunos han estado en situaciones similares y encontrarán que los relatos que siguen son lamentablemente familiares. Espero que también encuentres algo valioso para ti, sobre todo al reflexionar sobre cómo puedes ayudar a otros a aprender y afrontar estas historias.

Empecemos desde donde sea, solo pido a Dios que todos lleguemos a un lugar de urgencia y convicción compartidas. No es momento de simplemente arreglar la periferia de la iglesia o de devolver las piezas rotas tal como estaban. Algo esencial necesita ser identificado y vaciado de esta nación y sus iglesias predominantes para que la vida de Dios se convierta en nuestra vida. Para abordar este trabajo del alma, debemos remontarnos a las historias y relatos de nuestros padres, incluso más atrás en el tiempo. ¿Cómo es posible que una nación destinada a ser una ciudad santa sobre una colina haya caído tan profundamente en el valle? Es hora de plantearnos esa pregunta, confiando en las palabras de Jesús: "Conocerán la verdad, y la verdad los hará libres" (Juan 8:32).

## El autocentrismo: La raíz del pecado original

Tanto los maestros judíos como los hindúes relatan una fábula acerca de dos banquetes, uno en el infierno y otro en el cielo. En ambas celebraciones, las mesas rebosan de exquisita comida y cuentan con las mismas cucharas largas para comer. Sin embargo, en el infierno, los comensales padecen de hambre mientras que en el cielo disfrutan de un festín abundante.

¿Cuál es la diferencia? En el infierno, los comensales intentan servirse a sí mismos, pero les resulta imposible guiar la comida hacia sus propias bocas. En cambio, en el cielo, se alimentan mutuamente. Las largas cucharas permiten alcanzar a alguien al otro lado de la mesa; una persona lleva la comida a la boca de la otra. Todos se alimentan.

La comunidad amada se asemeja y actúa como ese banquete celestial. Sin embargo, Estados Unidos, a pesar de sus dones y valores excepcionales consagrados, dista mucho de ser esa comunidad amada. Sacudidos por una pandemia histórica, la revelación de la supremacía blanca y el aparente triunfo de las culturas del consumismo, el materialismo y el individualismo, algunos podrían argumentar que nos parecemos más a una pesadilla.

¿Cómo hemos llegado hasta aquí? Hay que empezar por el principio. Según Génesis 1 y 2, todos y cada uno de nosotros fuimos creados a imagen de Dios. Fuimos hechos por amor para estar en relación con Dios y entre nosotros. En otras palabras, fuimos creados por amor para el amor. Eso está en nuestro ADN.

En el corazón del amor reside la capacidad de elegir. Si el amor fuera impuesto u obligado, dejaría de ser amor. Cuando se les otorga la opción, los seres humanos tienden a apartarse del camino de Dios, del amor que se dona a sí mismo, y en su lugar eligen construir mundos centrados en sí mismos: nuestras necesidades, nuestras identidades, nuestros deseos. Este alejamiento de Dios se describe como pecado. Para ser más preciso, el término que emplearé a lo largo de este libro es *autocentrismo*. Eso es diferente de la autorreferencialidad, que significa que estoy centrada en mí misma. El autocentrismo es una orientación en relación con el mundo que asume que yo estoy en el centro y que el mundo gira a mi alrededor (o a mi grupo, mi nación, mi raza, mi especie), de modo que todo y todos los demás tienen significado o valor sólo en la medida en que sirvan a mi *sí mismo* en el centro.

Los seres humanos parecemos estar inclinados hacia el autocentrismo, ya sea como individuos, como grupos familiares, como comunidades e incluso como razas y naciones. No sugeriría que al nacer tengamos un deseo inherente de hacer daño a otros o de pensar que somos lo único importante. Parece más bien que llevamos en nosotros un miedo primordial a no ser amados o aceptados en este mundo, y que, si no nos valoramos y protegemos a nosotros mismos o a nuestro grupo, nadie más lo hará... ni siquiera Dios.

El sacerdote y profeta Henri Nouwen ofrece comprensión y compasión hacia este punto vulnerable en el corazón de la existencia humana. Junto a mi cama, tengo un conjunto de sus meditaciones diarias. En una de ellas escribe:

> No ser bienvenido es tu mayor miedo. Conecta con el temor a nacer, el temor a no ser acogido en esta vida, y con el temor a morir, el miedo a no ser bienvenido en la vida después de esta. Es el miedo profundamente arraigado de que habría sido mejor no haber vivido... Tienes que elegir la vida. En cada momento, debes decidir confiar en la voz que te dice: "Te amo. Te formé en el vientre de tu madre".[2]

Este es uno de los temas más recurrentes en las Escrituras: no confiamos en que somos amados, a pesar de las constantes garantías de Dios de que podemos elegir la vida y confiar en el Dios que nos hizo por amor y para amar. Seguimos sin creer que haya suficiente amor para todos, por lo que Dios intenta liberarnos de este miedo arraigado para que podamos participar en extender amor entre nosotros. El amor de Dios simplemente no se agota; si acaso, crece a medida que lo compartimos.

En Deuteronomio 10:17-19, Dios recuerda con paciencia a los israelitas todas las maneras en que los protegió y proveyó cuando eran extranjeros en su difícil travesía por el desierto, saliendo de la esclavitud: "Amarás al extranjero, porque extranjeros fueron ustedes en la tierra de Egipto". Créanme, Dios parece suplicarles. Por mi propia generosidad y amor, te he dado la vida. Ahora necesito que protejas, cuides y honres a los extranjeros, forasteros y otras personas vulnerables que están en tu entorno. Necesito que entregues tu vida.

En Jesús, Dios renuncia al privilegio de la divinidad y la distancia para morar, identificarse y sufrir con nosotros, especialmente con aquellos en situaciones menos favorecidas. Como Dios entre nosotros, nos invita directamente a colocarle en el centro de nuestras vidas, a reconocerle en nosotros y en los demás, y a celebrar y proteger también su amor por todos (Mateo 22:36-40). Predicar este mensaje puso a Jesús en una situación complicada. Al principio de su ministerio, entró en el templo y proclamó que Dios lo había enviado para llevar buenas noticias a los pobres y liberar a los cautivos (Lucas 4:16-20). La multitud lo celebró... hasta que Jesús explicó que esto también incluía a los no judíos. En ese momento, la misma multitud intentó arrojarlo por un barranco (Lucas 4:25-29).

Jesús continuó predicando esa verdad porque comprendía que nuestros impulsos autocentrados, si se descontrolaban, obstaculizarían nuestra relación adecuada con Dios y entre nosotros, y posiblemente pondrían al mundo en peligro.

## Nosotros contra ustedes

Hoy en día vemos cómo culturas arraigadas en la supremacía blanca, la misoginia, la explotación del medio ambiente, el consumismo, la opresión y la dominación reflejan las consecuencias del autocentrismo. Sistemas, instituciones y sociedades enteras pueden caer en este pecado al colocar un grupo en el centro, esperando que el resto de la humanidad y la naturaleza apoyen su propia prosperidad.

La posibilidad de establecer relaciones adecuadas se ve comprometida cuando un grupo poderoso se protege y se coloca por encima y *en oposición al resto*. A partir de ahí, es sencillo construir binarios y jerarquías en la experiencia humana. Nuestro grupo se percibe como el bueno, mientras que todos los demás son catalogados como malos. Nosotros debemos estar en la cima, mientras que los demás deben permanecer abajo. Se nos otorgan los recursos y el conocimiento sobre cómo utilizarlos, y los otros simplemente recibirán lo que decidamos darles. Los miembros restantes de la familia humana se ven reducidos a objetos y herramientas que se adquieren, controlan, usan y desechan.

En una ocasión, le pedí a un amigo hombre, blanco, heterosexual y perteneciente a la clase media, que me explicara su comprensión acerca de estas jerarquías y las motivaciones emocionales y personales que las sustentan. "Cuando te dicen que algo es tuyo, ya sean posesiones, posición o identidad, parte de ti lo interioriza. Existe una necesidad interna de tenerlo y mantenerlo. Si se ve amenazado o restringido de alguna manera, surge el temor de que tu propia existencia esté en peligro. Harás lo que sea necesario para protegerlo y conservarlo, tanto para ti como para los demás. Es algo que, instintivamente, cualquier grupo humano haría si estuviera en una posición dominante, ¿verdad?"

Es posible que esto aplique a la humanidad en general (aunque personalmente, tengo dudas al respecto). Si es así, podría explicar por qué muchos de nosotros buscamos a Jesús y nos involucramos en el movimiento que él inició impulsado por el Espíritu, como una forma de escapar de nuestra tendencia ensimismada. No obstante, también es cierto que "todos los grupos humanos" podrían haber actuado de manera similar, pero en los últimos quinientos años, una raza, un género y una clase económica específicos han seguido consistentemente la senda del autocentrismo, con consecuencias letales para quienes no forman parte de sus círculos.

El autocentrismo es la fuerza impulsora detrás del imperio y el colonialismo. Como se abordó en el capítulo 1, el *imperio* se refiere a un país que ejerce poder sobre otro mediante el asentamiento colonial, la dominación militar, el control político o medios indirectos. Mientras tanto, el *colonialismo* implica que un país tome control de otro territorio mediante la ocupación con colonos y su explotación económica.

¿Cómo se relacionan con lo que yo llamo autocentrismo? El teólogo poscolonial Christopher Duraisingh utiliza una metáfora de la física para ilustrarlo. "El poder colonial ha sido principalmente centrípeto, atrayendo todo lo que está en su periferia hacia el centro en beneficio exclusivo de este último", explica. "Ha dividido el mundo en Occidente y el resto".[3]

Puedes imaginar claramente lo que Duraisingh describe aquí. Al llamar al poder colonial centrípeto, significa que es auto-céntrico: rota y genera una fuerza que atrae todos los recursos y el poder hacia el centro. Es lo opuesto a una fuerza centrífuga, que se crea cuando un objeto gira y todo lo que lo rodea se desplaza hacia los bordes. ¿Sigues conmigo? Cierra los ojos e imagina la relación de los planetas y otros cuerpos celestes con el sol. La fuerza centrípeta evita que se dispersen en mil direcciones, y en cambio, los orienta para que orbiten alrededor del sol.

El auto-centrismo me coloca a mí y mis necesidades en el centro, dando lugar a que el mundo gire a mi alrededor. El colonialismo y la supremacía blanca han centrado a un grupo de personas, los conquistadores, las personas blancas, los Orígenes de la Pesadilla, personas de piel clara cuyas líneas de sangre se remontan principalmente al norte de Europa, y luego han organizado a los demás pueblos y recursos del mundo en una relación inferior y dependiente con respecto a ese centro. De esta manera, "el resto" de los territorios y cuerpos de la Tierra han sido sometidos y puestos al servicio de "Occidente".

## La era de la conquista

Como he mencionado antes, sería complicado encontrar una raza, cultura, generación o género que no luche contra la tentación del autocentrismo. Sin embargo, no se puede ignorar que las naciones europeas y sus descendientes, especialmente Estados Unidos, destacan por la amplitud y totalidad de su dominio autocéntrico y narcisista sobre el resto del mundo. El quiebre que hemos presenciado en años recientes, agravado desde 2020, se debe, en parte, a que más personas están reconociendo estas realidades.

Podemos agradecer a académicos como Roxanne Dunbar-Ortiz por arrojar luz y alimentar este proceso de reevaluación. En 2015, ganó el American Book Award por su obra *An Indigenous People's History of the United States* [Una historia de los pueblos indígenas de los Estados Unidos]. En esta magnífica obra, despoja el velo y relata la historia de Estados Unidos desde la perspectiva de los pueblos indígenas que originalmente habitaban y prosperaban en todo el continente, pero que fueron desplazados y masacrados por la conquista europea.

Dunbar-Ortiz sostiene que la maquinaria que devastó África y las Américas se puso en marcha entre los siglos XI y XIII.[4] En ese período, los cruzados europeos emprendieron la conquista del norte de África y el Oriente Próximo. Para fines del siglo XIII, bajo el impulso de obtener mayores riquezas, los papas instaron a los cruzados a sofocar también a sus enemigos más cercanos: paganos, herejes y cualquier individuo que desafiara su dominio en regiones como Escocia, Gales, Irlanda y el País Vasco.

El proceso era frontal y devastador: los conquistadores arrasaban y sometían brutalmente a sus oponentes (los ingleses pagaban tributo por cabezas cortadas en sus campañas contra los irlandeses, las exhibían en picas[5]). Forzaban a los pueblos conquistados a abandonar sus tierras, los obligaban a trabajar para generar riqueza para la nación conquistadora y su nobleza, borraban su cultura y sus raíces indígenas de identidad y poder, y los mantenían en una relación de dependencia con el gobierno colonial.

Con el tiempo, papas y monarcas unieron fuerzas para colonizar nuevas tierras. En 1452, el papa Nicolás V promulgó la bula *Dum Diversas*, otorgando explícitamente al rey de Portugal la tarea de convertir, someter, esclavizar y, si era necesario, matar a musulmanes, paganos y a cualquier otro individuo no cristiano en África Occidental.[6] En 1455, mediante la bula *Romanus Pontifex*, el mismo Papa autorizó a las naciones católicas de Europa a expandir sus dominios hasta donde los vientos los llevaran. Estas bulas papales y declaraciones relacionadas se conocen colectivamente como la Doctrina del Descubrimiento, y sirvieron como el catalizador que impulsó la colonización de gran parte del mundo no europeo desde mediados del siglo XV hasta mediados del siglo XX.[7]

Al leer las bulas papales y los escritos que las acompañan, es imposible ignorar el afán autocéntrico e imperial de acaparar el poder y la riqueza en todo el mundo y dirigirlos de vuelta a Europa. Revestidos del lenguaje de la fe, los decretos bendicen a los poderosos para ejercer control sobre todo lo que puedan y eliminar lo demás. El Papa Nicolás V expresó su deseo personal de "llevar a las ovejas que Dios le había confiado al único redil divino". Casi todos los actos depravados que siguieron podían justificarse bajo este santo estandarte:

> Concedemos favores apropiados y especiales a aquellos reyes y príncipes católicos que, como valientes y decididos defensores de la fe cristiana, no solo limitan los excesos salvajes de los sarracenos y otros infieles, enemigos del cristianismo, sino que también los derrotan, así como a sus reinos y moradas, incluso cuando se encuentran en regiones remotas y desconocidas para nosotros, sometiéndolos a su propio dominio terrenal.[8]

Los ingleses observaban cómo España y Portugal prosperaban a través de la conquista. En 1496, el rey Enrique VII de Inglaterra otorgó un permiso similar al renombrado explorador John Cabot para reclamar tierras en nombre de los ingleses. Actuando como representante de la corona, Cabot tenía la facultad de tomar posesión de cualquier tierra que descubriera, siempre y cuando no hubiera sido previamente reclamada por españoles o portugueses. Como contraprestación, Cabot se comprometió a entregar al rey una quinta parte del valor de cualquier botín que llevara de regreso a Inglaterra.[9]

Los habitantes de estas tierras "descubiertas" no entendían las complejidades que se desarrollaban en Europa, ni tenían muchas posibilidades de resistir la llegada de las armas, enfermedades y tecnologías europeas.[10] Para justificar sus acciones, los colonizadores a veces leían declaraciones a los pueblos indígenas, como el *Requerimiento*. En esta carta, leída en nombre del monarca español, los conquistadores expresaban: 1) que Dios había creado a todos los pueblos del mundo; 2) que habían designado a San Pedro como superior a todos, cabeza de toda la humanidad; 3) que el poder de San Pedro se transmitía a través de los papas; y 4) que el papa actual concedía al monarca y a sus sucesores el control sobre las tierras y mares ocupados por los pueblos indígenas.[11]

El *Requerimiento* no perseguía la conversión; su propósito era asegurar la sumisión. En caso de que los pueblos indígenas rechazaran reconocer la autoridad del monarca o la demoraran, las consecuencias eran desastrosas:

Con la ayuda de Dios, entraremos en vuestra tierra contra vosotros con la fuerza y os haremos la guerra en todos los lugares y por todos los medios que podamos y seamos capaces, y entonces os someteremos al yugo y a la autoridad de la Iglesia y de Sus Altezas. Os tomaremos a vosotros y a vuestras mujeres e hijos y los haremos esclavos, y como tales los venderemos, y dispondremos de vosotros y de ellos como ordenen Sus Altezas. Y tomaremos vuestras propiedades y os haremos todo el daño y el mal que podamos. . . Reconocemos que las muertes y daños que recibiréis por ello serán culpa vuestra.

El *Requerimiento* parece ser un plan europeo para la conquista y destrucción. Fieles a sus palabras, los españoles, portugueses, franceses, holandeses e ingleses viajaron por todo el mundo; reclamaron tierras, recursos y vidas humanas en nombre de Dios y la corona; y perpetraron "todo el daño y mal" que pudieron con pocas consecuencias y escasa conmoción moral.

En el caso de la conquista británica, los colonos enviados para establecer una posición y librar guerras contra los pueblos indígenas eran originarios de las mismas tierras que habían sido desplazadas: Escocia, Irlanda y otras naciones europeas que habían sufrido maltrato y derrotas siglos atrás. Dunbar-Ortiz destaca una ironía interesante. "Las almas traumatizadas expulsadas de sus tierras, así como sus descendientes, se convirtieron en los colonos hambrientos de tierras a los que se les sedujo para cruzar vastos océanos con la promesa de tierras y la posibilidad de obtener estatus de nobleza".[12] Habían aprendido la lógica de la conquista a través del sufrimiento y esta vez estaban decididos a triunfar. Los escoceses-irlandeses que habían sufrido a manos de los ingleses se convirtieron en colonizadores y recolectores de cabelleras en América. Si eso significaba exterminar a los pueblos indígenas y esclavizar a generaciones de africanos, era el precio que estaban dispuestos a pagar por su propio éxito y seguridad.

## Una nación (blanca) bajo Dios

Si existiera un pase para ingresar a la prosperidad y obtener estatus privilegiado en Estados Unidos, estaría marcado con la palabra "blanco". Los irlandeses y otros grupos de piel clara no necesariamente poseían ese pase desde el principio, pero si demostraban estar dispuestos a servir al núcleo anglosajón blanco y contribuir a la imposición de sistemas que excluían y sometían a los indígenas, afrodescendientes y otros pueblos no europeos, entonces podían ser aceptados en la *blanquitud*, una identidad creada por la cultura de la supremacía blanca para englobar a aquellos que debían ser protegidos y privilegiados debido al color de su piel. (Para profundizar en este tema, se puede consultar la *Guía de reflexión y acción*). No accedían de inmediato a todos los beneficios; esos privilegios seguían reservados para personas de cierta clase y linaje. Sin embargo, al menos estaban dentro. Una vez dentro, se podía confiar en que preservarían las jerarquías raciales autocéntricas en el corazón mismo de Estados Unidos.

¿Cuál es el origen de la idea de un grupo racial en el centro o la cima de la humanidad? Esta idea de un grupo racial dominante ha sido investigada por varios académicos a lo largo del tiempo. Kelly

Brown Douglas, cuyo trabajo se detalla en su libro *Stand Your Ground: Black Bodies and the Justice of God* [Mantente firme: Cuerpos negros y la justicia de Dios], ofrece una perspectiva crucial sobre esta noción. En mi *Guía de reflexión y acción*, he reunido algunas de sus ideas principales, así como las de otros expertos en este tema. Sin embargo, aún vale la pena profundizar en cómo se han usado las categorías raciales para establecer jerarquías humanas y, específicamente, cómo la blanquitud ha sido colocada en la cúspide.

La narrativa de la superioridad blanca y la exaltación de la blanquitud encuentra su origen en gran medida en Tácito, un político e historiador romano venerado por muchos de los pensadores y líderes de los primeros estadounidenses, como Ben Franklin, Thomas Jefferson y John Adams. Tácito, quien falleció en el año 120 d.C., relató las experiencias con las tribus germánicas (distintas de los germanos modernos) que se enfrentaron al imperio romano en el siglo primero. Con una admiración casi reverencial, describe a estos grupos como "una raza distinta y pura, sin mezcla alguna, diferente a cualquier otra".[13] Libres de matrimonios mixtos, su linaje anglosajón era tan puro como sus valores, y estaban completamente comprometidos con los derechos individuales y la libertad.

Los ingleses sostenían ser descendientes de estas antiguas tribus germánicas anglosajonas de nobleza innata.[14] Los líderes coloniales de América, cuya pureza de sangre era poco conocida, afirmaban ser los auténticos herederos de los valientes, inteligentes, virtuosos, laboriosos y amantes de la libertad anglosajones.

Los colonos y líderes de América perseguían su noble causa: establecer una ciudad santa, libre y próspera sobre una colina, caracterizada por la identidad y los ideales anglosajones. La noción de que los negros y los indígenas disfrutaran de los mismos derechos y dignidad que los blancos en esta ciudad excepcional habría sido impensable. Estos pueblos más oscuros eran vistos como instrumentos proporcionados por Dios para construir la ciudad, no como ciudadanos suyos. Nada tenía más sentido para Ben Franklin, quien escribió en 1751:

El número de personas puramente blancas en el mundo es proporcionalmente muy pequeño. Toda *África* es negra u oscura; *Asia* principalmente morena; en *América*, excluyendo a los recién llegados, todos son así. Y en *Europa*, los *españoles*, *italianos*, *franceses*, *rusos* y *suecos* son generalmente de lo que llamamos una tez morena; al igual que los *alemanes*, con la única excepción de los *sajones*, que, junto con los *ingleses*, constituyen el principal grupo de gente blanca sobre la faz de la Tierra. Desearía que su número aumentara. Y mientras estamos, por así decirlo, *limpiando* nuestro planeta, *despejando América* de bosques, y haciendo que este lado de nuestro globo refleje una luz más brillante a los ojos de los habitantes de *Marte* o *Venus*, ¿por qué deberíamos, a la vista de seres superiores, oscurecer a su gente? ¿Por qué aumentar los Hijos de *África*, plantándolos en *América*, donde tenemos una oportunidad tan justa, excluyendo a todos los Negros y Morenos, de aumentar los encantadores Blancos y Rojos*? Pero tal vez soy parcial con la complexión de mi país, ya que ese tipo de parcialidad es natural en la humanidad... El pueblo que habita la nación es la medida de su pureza.[15]

Las expresiones de Franklin sobre la "pureza" y el "encantador blanco" parecen extraídas directamente de un manual de nacionalistas blancos, lo que contrasta con su rol como firmante de la Declaración de Independencia. Es importante recalcar que Estados Unidos se fundó con la idea de ser una nación blanca. Si bien pudo haber incluido a personas no blancas, especialmente los "Hijos de África", su presencia se justificaba únicamente por su contribución al nacimiento de esta

---

*Los "rojos" a los que se refiere Franklin no eran pueblos indígenas, que habrían sido clasificados como "morenos". En realidad, la raza roja podría haber incluido a rusos, asiáticos centrales y otros grupos étnicos relacionados con la región del Cáucaso. Para más información sobre este tema, se puede consultar la obra de Georges-Louis Leclerc Buffon (1707-1788), reconocido como padre del concepto moderno de raza y autor de "Historia natural del globo terráqueo y del hombre, las bestias, las aves, los peces, los reptiles y los insectos".

excepcional tierra blanca. En la época de las palabras de Franklin *y durante gran parte de la historia de Estados Unidos*, la creencia en la supremacía y superioridad de los blancos, y la consiguiente inferioridad y desechabilidad de otros grupos humanos, era ampliamente aceptada por personas de ascendencia europea.

Casi cien años después, siguiendo la línea de pensamiento de Franklin, el senador Thomas Hart Benton de Missouri presentó un argumento sólido y exhaustivo sobre la superioridad y centralidad de la raza blanca en todo el mundo y, en particular, en Estados Unidos. En un discurso dirigido al Senado en 1846, afirmó directamente:

> Parecería que solo la raza blanca recibió el mandato divino de subyugar y repoblar la tierra. Es la única raza que lo ha obedecido, la que busca nuevas y distantes tierras, incluso un Nuevo Mundo, para dominar y repoblar. Partiendo de Asia occidental, tomando a Europa como campo y al Sol como guía, dejando atrás a los mongoles, llegaron, después de muchas eras, a las costas del Atlántico, que iluminaron con la luz de la ciencia y la religión, y embellecieron con las artes útiles y elegantes. Hace tres siglos y medio, esta raza, en obediencia al gran mandato, llegó al Nuevo Mundo y encontró nuevas tierras para someter y repoblar...
>
> La civilización, o la extinción, ha sido el destino de todos los pueblos que se han encontrado en el camino del avance de los blancos, y la civilización, siempre preferida por los blancos, se ha presentado como un objetivo, mientras que la extinción ha seguido como consecuencia de su resistencia. La raza negra y la roja han sentido a menudo su influencia mejoradora.[16]

Benton presentó la contundente evidencia de la conquista como prueba de la superioridad racial blanca. Para él, estaba claro que Dios había seleccionado y bendecido a los blancos, colocándolos en el centro y otorgándoles el poder para subyugar a los demás pueblos y tierras del planeta en su propio beneficio. Si otras razas poseyeran la misma habilidad científica, religiosa, artística y, en general, intelectual que los blancos, podrían haber hecho lo mismo. El hecho de que no lo hicieran o no pudieran solo demuestra la elección de los blancos por parte de Dios.

Una vez expuesto este argumento, Benton asumió que los pueblos no blancos enfrentaban una de dos opciones: la civilización (la asimilación o la participación forzada en sistemas dominados por europeos y euroamericanos) o la extinción. En línea con la lógica del proyecto colonial blanco, todos los recursos de la Tierra serían atraídos hacia el dominio blanco, para ser utilizados o descartados según el criterio de los blancos.

## Une los puntos y comprende

¿Cómo hemos llegado a 2020 en Estados Unidos? ¿Por qué, en una nación tan próspera, se ven tan disminuidas las oportunidades de vida para indígenas, afroamericanos/as, latinos/as y asiáticos/as? ¿Por qué un número desproporcionado de personas de color ha fallecido en la pandemia del coronavirus? ¿Por qué persisten los linchamientos a plena luz del día? ¿Por qué los domingos por la mañana siguen tan segregados, incluso cuando nuestras escuelas y barrios vuelven a segregar? La triste verdad es que Estados Unidos está llevando a cabo precisamente aquello para lo que fue concebido. Esta nación no fue originalmente ideada como un lugar donde las personas no blancas, en su totalidad, prosperaran, vivieran en total libertad o fueran reconocidas como seres humanos en plenitud. A pesar de que esta realidad ha sido desafiada en ocasiones y ha quedado oculta a veces, nunca, jamás ha desaparecido.

Sí, la famosa Declaración de Independencia proclama la igualdad de todos los hombres y sus derechos inalienables otorgados por el Creador. Sin embargo, durante mucho tiempo, este paraguas no abarcaba a los no blancos, a las mujeres ni a los hombres sin propiedades. Estas contradicciones internas son un distintivo de la historia estadounidense. Por un lado, dimos la bienvenida a los luchadores de diferentes partes del mundo, brindándoles una oportunidad en vida; por otro lado, explotamos y oprimimos a los inmigrantes. Asimismo, si bien los cristianos llevaron la oración ferviente, la convicción firme y el amor abnegado al centro del movimiento abolicionista, también encontramos líderes religiosos justificando la esclavitud y el régimen de apartheid conocido como Jim Crow. Nuestra historia está lejos de ser un camino lineal o sencillo, y aprecio las hebras de luz y seda entretejidas entre las espinas. Me dicen que la redención es posible, aunque no sea un destino inevitable.

Las perspectivas de Franklin y Benton reflejan la corriente principal de la legislación y la historia estadounidenses, arraigadas a lo largo de los siglos. Estas visiones explican el concepto del Destino Manifiesto, el mito que proclama que los colonos de ascendencia europea estaban destinados por Dios a expandirse y gobernar en Norteamérica. Además, ilustran cómo la supremacía blanca, el individualismo, el colonialismo y la dominación han impregnado todos los aspectos del gran experimento estadounidense, incluyendo sus instituciones religiosas.

Para desentrañar por completo la historia del imperio y la dominación blanca, se necesitaría otro libro, incluso varios volúmenes. Estos relatos revelarían cómo Estados Unidos se ha convertido en la antítesis de la comunidad amada por Dios. La *Guía de reflexión y acción* proporciona una cronología más detallada y recursos adicionales para aquellos que buscan explorar en profundidad. En este espacio limitado, destaco algunos hitos clave para ayudar a conectar los puntos y comprender la profunda implicación de Estados Unidos en esta pesadilla.

- En la década de 1490, entre diez y cincuenta millones de personas de diversas naciones indígenas habitaban la tierra que luego sería conocida como Estados Unidos. Para 1890, esa población había disminuido significativamente a 249 000 personas.[17]
- En 1787, durante la Convención Constitucional de Estados Unidos, se alcanza el Compromiso de los Tres Quintos. Se debatía sobre cómo contar a los esclavos para determinar la representación legislativa y la carga fiscal estatal. Se llegó a un

acuerdo que estableció contar a cada esclavo como tres quintos de una persona para estos propósitos.

- En 1830, el presidente Andrew Jackson firma la Ley de Traslado de Indios. Esta ley otorga al gobierno el poder de negociar el intercambio de tierras indígenas al este del río Misisipi, una región valiosa para la producción de algodón, por una "zona de colonización india" en lo que ahora es Oklahoma. Posteriormente, Jackson y su sucesor, Martin Van Buren, incumplen la ley y expulsan a las tribus indígenas por la fuerza. El viaje de 1 200 millas hacia el oeste (aproximadamente 1 930 kilómetros), conocido comúnmente como el Sendero de las Lágrimas, resultó en la muerte de hasta una cuarta parte de las decenas de miles de indígenas que fueron desplazados de sus tierras ancestrales.[18]

- En 1857, el Tribunal Supremo de EE. UU. rechaza la solicitud de libertad de Dred Scott luego de que su amo (ya fallecido) lo llevara a territorios libres. En la opinión mayoritaria, el presidente del Tribunal Supremo, Roger Taney, establece que los negros no podían reclamar la libertad, argumentando que durante más de un siglo se les consideraba seres de un orden inferior e incapaces de asociarse con la raza blanca, ya sea en relaciones sociales o políticas. De acuerdo con Taney, eran tan inferiores que no tenían derechos que un hombre blanco estuviera obligado a respetar".[19]

- En 1859, el puerto de Nueva York equipa 85 barcos negreros que transportan anualmente entre 30 000 y 60 000 esclavos, generando grandes beneficios para los comerciantes neoyorquinos y suministrando mano de obra para los hogares y negocios de la ciudad.[20]

- En 1865, la Decimotercera Enmienda abolió la esclavitud, con excepción de aquellos que estuvieran encarcelados. Comenzó el periodo de Reconstrucción, permitiendo a las personas negras la posesión de tierras, el derecho al voto, el matrimonio y la libertad.

- En 1866, la supremacía blanca se refuerza a través de leyes Jim Crow, como la promulgada en el estado de Mississippi. Esta ley establece que: "Todos los libertos, negros libres y mulatos mayores de dieciocho años en este estado que carezcan de empleo o actividad comercial legal, o que se congreguen ilegalmente, ya sea de día o de noche... serán considerados vagabundos".[21]

- Entre 1875 y 1943, el Congreso bloqueó de manera sistemática la inmigración asiática[22] mediante la aprobación de leyes que excluían o restringían esta inmigración y la posibilidad de obtener ciudadanía. Esta serie de leyes comenzó en 1875 con la Ley Page, que prohibía la entrada de inmigrantes considerados "indeseables", especialmente la mano de obra china conocida como "Coolie" en la costa oeste. Esta restricción alcanzó su punto más álgido en 1924 con la Ley Johnson-Reed, que no solo prohibió la inmigración desde Asia, sino que también redujo la inmigración proveniente de Europa del este, central y sur en un 80%. Esta ley estableció cuotas de inmigración basadas en el censo y dio origen a la creación de la Patrulla Fronteriza de Estados Unidos.

- En 1906, el presidente Theodore Roosevelt expresó su preocupación por lo que llamó un "suicidio racial" entre los blancos, al señalar las disparidades en las tasas de natalidad entre los inmigrantes de la "vieja estirpe" (originarios de naciones como Inglaterra, Escocia, Irlanda y Alemania) y los inmigrantes de la "nueva estirpe" (europeos del Este y algunos asiáticos).[23]

- En la década de 1930, el presidente Franklin Delano Roosevelt llevó a cabo la mayor deportación masiva de inmigrantes en la historia de Estados Unidos, expulsando a cientos de miles (posiblemente hasta dos millones) de personas de ascendencia mexicana, entre las cuales se encontraban muchos ciudadanos estadounidenses.[24]

- Durante el periodo entre 1910 y 1970, varios estados implementaron pruebas de alfabetización y otras tácticas para obstaculizar el ejercicio del derecho al voto por parte de la comunidad afroamericana. La Ley del Derecho al Voto de 1965 puso fin a estas prácticas en algunos estados, aunque las pruebas de alfabetización no fueron completamente eliminadas en todo el país hasta 1970.[25]

- Hoy: En la frontera sur de los Estados Unidos, los refugiados de América Latina son detenidos, separados de sus hijos y mantenidos en condiciones infrahumanas durante meses. Los menores no acompañados deben defenderse por sí mismos en los tribunales, con el resultado previsible de que el 71 por ciento de los casos terminan en deportación.[26]

- Hoy en día, se continúa la apropiación de tierras indígenas y la destrucción de cementerios sagrados. Los representantes estadounidenses pasan por alto las preocupaciones medioambientales y los tratados establecidos, mientras se perpetúa la separación de niños de sus padres, reubicándolos con familias blancas en todo Estados Unidos. El condado de Oglala, en Dakota del Sur, donde se ubica la reserva de Pine Ridge, enfrenta una extrema pobreza, con una esperanza de vida masculina de cuarenta y siete años, treinta menos que el promedio nacional.[27] En 2020, los nativos americanos presentan las tasas más altas de mortalidad por COVID-19[28] y el mayor riesgo de ser víctimas de la violencia policial.[29]

- Hoy en día, antiguos y actuales agentes de policía continúan matando a negros desarmados como Ahmaud Arbery, Breonna Taylor y George Floyd (y otros cuyas muertes se registrarán después de redactar estas palabras). Mientras tanto, milicias blancas deambulan por las calles portando armas de fuego de grado militar bajo la mirada aprobatoria de las autoridades.

- Hoy en día, en Estados Unidos no existe ninguna ley vigente contra el linchamiento. A pesar de que la Cámara de Representantes aprobó nueva legislación en 2018, el Senado aún no la ha ratificado.

## Despiertos y conscientes

Debemos aferrarnos a la promesa de Dios de una comunidad amada. Deberíamos agradecer cada vez que esa realidad irrumpe con belleza y poder, como ha ocurrido en diferentes momentos de la historia (algunos de los cuales veremos en el capítulo 5). Deberíamos pedir a Dios por la plenitud y el florecimiento mutuo, y trabajar por ello junto a otras almas comprometidas. Deberíamos recurrir a la fuerza y al testimonio de los antepasados que se aferraron a la esperanza en su época y no podían imaginar las libertades que muchos de nosotros experimentamos en la nuestra.

También debemos actuar con una aguda conciencia de las fuerzas y estructuras históricas y sistémicas diseñadas para obstaculizar el plan de Dios y el sueño de nuestros antepasados. Debemos estar dispuestos a explorar el corazón del imperio y desafiar los antiguos mitos de la supremacía blanca que moldearon y continúan afectando a Estados Unidos. Si deseamos la libertad y aspiramos a reconstruir una iglesia, una nación y un mundo libres de sistemas de dominación, debemos llamar al pecado por su nombre.

El pecado es colocarse a uno mismo o a un grupo en el centro, ocupando el lugar que corresponde a Dios, y promover los intereses propios o grupales a costa de los demás. La supremacía blanca, el colonialismo, la explotación económica, el consumismo y el individualismo participan del pecado al afirmar que la creación no debe servir a los propósitos de Dios, sino al interés del ego y de los poderosos. Estas fuerzas se tornan aún más peligrosas al insistir en que sus propósitos y los de Dios son idénticos.

# 4

# La iglesia del imperio

*La iglesia de este país no solo es indiferente a los males del esclavo, sino que toma partido por los opresores.*

—Frederick Douglass[1]

Las palabras de Douglass no estaban dirigidas a una iglesia en particular, pero bien podrían haberlo estado. Ninguna otra iglesia en los Estados Unidos tiene la profundidad y duración en su conexión con el poder colonial e imperial comparable a la de la Iglesia Episcopal. A lo largo de la historia de Estados Unidos, desde los días en que éramos simplemente colonias británicas hasta bien avanzados los siglos XX y XXI, esta rama específica del cristianismo ha colaborado activamente con sistemas de colonización y supremacía blanca, respaldándolos teológicamente y beneficiándose de la riqueza y privilegios que proporcionaban.

Como sacerdote episcopal, esta iglesia es mi hogar, aunque no es necesario ser episcopal o incluso cristiano para encontrar interés en la historia que sigue. Es la narrativa de la complicidad de una iglesia

59

con sistemas de autocentrismo, explotación y dominación; sistemas que no solo perjudican a los oprimidos, sino que también corrompen el alma del opresor y nos alejan de ser la comunidad de amor de Dios. En el próximo capítulo, conoceremos las historias de individuos devotos que renunciaron a los privilegios, siguieron a Jesús hacia la periferia del imperio y, en el proceso, trazaron un sendero hacia la resistencia, la esperanza y la comunidad amada. Estas historias se desenvuelven en un contexto crucial: el contexto del privilegio y la supremacía blanca.

En 2017, la Iglesia Episcopal se comprometió a largo plazo a convertirse en una comunidad amada (más información en www. episcopalchurch.org/beloved-community). Para cumplir esa promesa, esta iglesia y otras similares tendrán que investigar nuestro papel único en el mantenimiento de la pesadilla que demasiados hijos de Dios han sufrido con la bendición y la cooperación del cristianismo estadounidense dominante. Ese honesto ajuste de cuentas seguramente nos abrirá aún más. Quizás también nos lleve al arrepentimiento, a la sabiduría y a una nueva vida.

## ¿Caminar por la *Vía Media* o comprometer el Evangelio?

La Iglesia Episcopal, en la actualidad, cuenta con casi dos millones de fieles y tiene presencia en cincuenta estados, la mayoría de los territorios de EE. UU., y otras dieciséis naciones de América Latina, Europa y Asia. Sin embargo, nuestros inicios fueron diferentes. Surgimos como parte del imperio británico, lo que nos llevó a navegar entre dos vocaciones contrapuestas: la de formar seguidores de Jesús y la de ser leales súbditos de la corona e imperio. Cuando el monarca es también la máxima autoridad de tu iglesia y (durante un tiempo) el Estado financia tu sostenimiento, es fácil intuir hacia qué lado se inclina generalmente.

La suerte de la Iglesia Episcopal estaba sellada desde su fundación. Se conoce la historia de Enrique VIII, rey de Inglaterra, quien deseaba divorciarse y, al ser rechazada su petición por el Papa en

1533, se separó de la Iglesia Católica Romana. Si bien el rey anhelaba un nuevo matrimonio y un heredero varón, su principal objetivo era asegurar el control de su reino. En el siglo XV, la Iglesia poseía un poder considerable: influencia en asuntos financieros, vastas tierras y propiedades, control sobre leyes y políticas, y un dominio sobre las creencias y emociones de la gente. La Santa Iglesia Católica Romana, bajo el Papado, heredó gran parte de la autoridad del Sacro Imperio Romano, y a menudo actuaba en nombre de los españoles y franceses. Para que Enrique gobernara Inglaterra, era crucial separar a la Iglesia de Inglaterra de Roma.

Esto no implica que el nacimiento de la Iglesia de Inglaterra careciera de relevancia teológica, ni que Thomas Cranmer, el primer arzobispo de Canterbury y el arquitecto espiritual de la nueva iglesia, fuera simplemente un instrumento del rey. Cranmer introdujo reformas cruciales, como la traducción de la liturgia al inglés y la creación de un Libro de Oración Común que permitía a las personas rezar y estudiar por sí mismas. Sin embargo, estas reformas se llevaron a cabo en el marco del compromiso general de la Iglesia con la corona y el país. A mediados del siglo XVI, la reina Isabel I reafirmó de manera inequívoca esta prioridad. A través del Acuerdo Isabelino, indicó a los católicos y protestantes enfrentados que podrían mantener sus doctrinas y creencias personales, siempre y cuando hubiera un uso uniforme del Libro de Oración y prevaleciera la paz en el reino.[2]

Dondequiera que la corona británica despachara exploradores, la Iglesia de Inglaterra desempeñaba un papel esencial en la asimilación de los pueblos colonizados a la cultura imperial. Hace apenas un siglo, el 85% de la tierra se encontraba bajo el dominio colonial europeo, predominantemente de origen inglés.[3] En estas regiones, las ordenaciones incluían el compromiso de obedecer al rey o la reina, quienes, al final del día, también ostentaban el título de cabeza de la Iglesia. El clero y las estructuras eclesiásticas estaban bajo el control del Estado y se subordinaban a sus objetivos. Las plegarias del Libro de Oración Común inglés de 1662, que constituía una auténtica guía para la oración común en todo el reino, exhortaban a los fieles a mantener la "sobriedad", cumplir con su "deber" y llevar una "vida tranquila y apacible".[4] Era un sueño impuesto por los gobernantes, superpuesto a la liturgia.

Los estadounidenses lograron su independencia en 1776. Aunque los líderes eclesiásticos se apresuraron a establecer una Iglesia Episcopal Protestante para América y eliminar los votos de obediencia al monarca y otros elementos que simplemente no se alineaban con nuestros nuevos principios más democráticos, conservaron gran parte del tan jactancioso lenguaje presente en las oraciones y los llamamientos a la sobriedad, el orden y la tranquilidad. Estas virtudes y comportamientos eran exactamente los que el nuevo Estado necesitaba que la Iglesia inculcara en sus miembros, siendo elementos socialmente controlados.

Ayudó que con frecuencia fueran los líderes del gobierno y del mercantilismo estadounidenses los que ocupaban puestos en las bancas. Como explica Dwight Zscheile:

> Dado que la Iglesia estaba dirigida por la élite colonial adinerada, la cual ejercía control sobre las juntas parroquiales, esto cumplía con el propósito de fomentar el buen orden y el decoro en las colonias. La Iglesia Anglicana en América pasó de ser la Iglesia oficialmente establecida a convertirse en la Iglesia del orden establecido, ya que continuaba siendo favorecida por muchas de las élites socioeconómicas. Según las palabras de Ian Douglas, la Iglesia Episcopal se veía a sí misma como "un pueblo elegido entre una nación elegida".[5]

Hasta el día de hoy, nuestra forma de orar a menudo asume que los episcopales son la élite que controla los resortes del poder y se afilia a la cultura mayoritaria y dominante. Uno podría preguntarse con razón si nuestras oraciones nos han convertido en una comunidad que acude a la iglesia en busca del socorro, la paz y la estabilidad de los beneficiarios del imperio.

Nuevamente, esto es cierto para la Iglesia Episcopal, pero también para muchas otras iglesias surgidas del dominio colonial e imperial, especialmente aquellas vinculadas a la Iglesia de Inglaterra. La reunión de obispos de toda la Comunión Anglicana, conocida como la Conferencia de Lambeth y celebrada aproximadamente cada diez años, ha señalado estas tendencias.

Cuando el anglicanismo se exportó a otros continentes, llegó no solo con la "inglesidad" de ciertos estilos de ropa, música y culto, sino también con ciertas suposiciones sobre quiénes tomaban decisiones, quiénes tenían autoridad en la vida social y quiénes tenían el control último en asuntos económicos, mercados, producción y propiedad de la tierra. La hegemonía del estilo inglés... podría ser visto como un indicativo innegable del dominio político y económico.[6]

Los colonizadores presentaban su propia vestimenta, música, lengua y comportamiento como superiores y preferibles a los pueblos conquistados. Además, detentaban el poder político y económico para imponer esas preferencias a todos los demás.

Este es un momento propicio para destacar que el anglicanismo incorpora un brillante antídoto contra su propia tendencia hacia la dominación y la uniformidad: el *principio vernáculo*. Este principio, fundamental entre los reformadores, sostiene que el culto y las expresiones de fe deben honrar y surgir de la lengua y la cultura del pueblo. Gracias al principio vernáculo, los angloparlantes pueden celebrar su culto en inglés (una auténtica innovación en el siglo XVI), los anglicanos negros pueden incorporar música *gospel*, y los episcopales indígenas pueden llevar a cabo reuniones de liderazgo utilizando sus propias costumbres nativas.

El anglicanismo siempre puede y debe equilibrar lo antiguo y lo contemporáneo, lo católico y lo vernáculo. A este camino intermedio lo llamamos la *vía media*, permitiéndonos regocijarnos en la unidad sin uniformidad, como lo hizo la Iglesia primitiva en aquel primer domingo de Pentecostés, multilingüe y llena del Espíritu. Tenemos la capacidad de flexionarnos y adaptarnos sin quebrarnos. Podemos formar ciudadanos del reino de Dios que lleven la paz, la justicia y la verdad a las naciones en las que estamos arraigados. A veces, hemos experimentado esa plenitud, pero normalmente ha requerido nadar vigorosamente contra la corriente. La corriente del imperio y del egocentrismo es tan fuerte.

## Bendición anglicana, desventura indígena

Nuestra historia se asemeja más a la de Jamestown, Virginia, el primer asentamiento inglés permanente en América. Cuando el rey Jaime concedió el estatuto original a la Compañía de Virginia en 1606, dio prioridad a la difusión del cristianismo entre los pueblos del nuevo (para ellos) mundo. Los hombres que se embarcaron rumbo a Virginia juraron lealtad al rey y a la Iglesia de Inglaterra, renegando de cualquier creencia en la autoridad del Papa.[7]

Una de las primeras estructuras construidas en Jamestown fue un rudimentario lugar de culto. Los colonos tendieron un lienzo entre las ramas de los árboles y construyeron bancas con troncos. El altar consistía en un tronco clavado horizontalmente entre dos árboles. Para inculcar disciplina, a veces se obligaba a los hombres a asistir a la iglesia hasta catorce veces por semana.[8] La fe anglicana ocupaba un lugar central en la empresa de Jamestown.

Los colonos de Jamestown, en su mayoría ingleses, no estaban preparados para el desafío de la vida en un yermo pantanoso. A menudo se atribuye a John Smith, uno de los líderes de la Compañía de Virginia, el mérito de enseñar a aquellos primeros colonos a cultivar y trabajar. Sin embargo, Roxanne Dunbar-Ortiz presenta una historia diferente basada en fuentes originales.[9] En realidad, el asentamiento de Jamestown dependía por completo de la Confederación Powhatan, un grupo de treinta comunidades tribales que tenían aldeas prósperas y economías en toda la tierra recién colonizada. A cambio de la paz, sostenían a los recién llegados ingleses. Pero cuando una sequía afectó a los Powhatan y no pudieron mantener tanto a sus propias comunidades como a los colonos, John Smith amenazó con hacer la guerra y atacar a las mujeres y niños indígenas. El líder de los Powhatan, Wahunsonacock, suplicó en nombre de sus pueblos:

> ¿Por qué nos arrebatáis por la fuerza lo que podríais obtener por amor? ¿Por qué nos destruís a nosotros, quienes os hemos proporcionado alimento? ¿Qué podéis lograr con la guerra?... ¿Cuál es la causa de vuestros celos? Nos veis desarmados y dispuestos a satisfacer vuestras necesidades, si venís de forma amistosa, y no con espadas y pistolas, como para invadir a un enemigo.[10]

Su súplica cayó en oídos sordos. Smith cumplió su promesa y declaró la guerra a la Confederación Powhatan en agosto de 1609. Su objetivo: la aniquilación.

Los colonos británicos emplearon esta táctica en muchos de sus encuentros con los pueblos indígenas. En la mayoría de los casos, los británicos estaban igualados en fuerzas contra sus oponentes indígenas, y a menudo se veían superados en número y maniobra. Ante la escasa esperanza de una victoria justa, los británicos recurrieron a lo que John Grenier describe como "violencia extravagante".[11] Adoptaron medidas extremas contra civiles, mujeres, ancianos y niños, buscando no solo derrotar o incluso humillar, sino aniquilar a sus enemigos.

Examina detenidamente esta escena llena de sangre, donde los colonos blancos recogen las cabezas de mujeres y niños indígenas y reciben tributos de los comandantes británicos. Observa a los líderes y gobernadores como John Smith, quienes tomaron la decisión de llevar a cabo la guerra irregular, el robo y el genocidio. Detrás de ellos encontrarás a la Iglesia de Inglaterra. Según explica Dunbar-Ortiz: "Cuando los descendientes de la clase colonizadora, mayoritariamente presbiterianos o protestantes calvinistas, ascendieron en la jerarquía, a menudo se convirtieron en episcopales, formando parte de una élite eclesiástica vinculada a la Iglesia estatal de Inglaterra".[12] Desde el siglo XVII hasta la actualidad, los líderes estadounidenses han infligido un terror y una traición inimaginables a los pueblos indígenas, a menudo con la aprobación tácita o la aquiescencia de la Iglesia Episcopal.

## Triángulo de terror

La Iglesia también bendijo todos los aspectos del comercio mundial de esclavos. En la actualidad, los líderes de las Iglesias anglicana y episcopal de Liverpool, Ghana y Virginia confrontan su complicidad colectiva en este terrible capítulo de la historia de la humanidad. Estas tres regiones estuvieron íntimamente conectadas por el comercio triangular, una empresa que implicaba la construcción, provisión y envío de barcos ingleses desde Liverpool; el comercio y la adquisición de africanos capturados en Ghana; y la navegación hacia América, incluida Virginia, donde los africanos eran vendidos como esclavos y forzados a trabajar para proveer algodón, azúcar y otras materias primas que generaban enormes riquezas y recursos para Inglaterra.

Liverpool fue el origen y la terminal del comercio, un papel que le valió el apodo de "Capital europea del comercio transatlántico de esclavos". Visité la ciudad en 2019 con un grupo de líderes por la reconciliación de Ghana y Virginia.[13] Juntos aprendimos sobre la modalidad inglesa de esclavitud y cómo se diferenciaba de otras formas en todo el mundo. Mientras que españoles y portugueses, practicantes de la religión católica romana, esclavizaban, degradaban y violaban a las personas, al igual que lo hicieron los romanos y otros grupos durante milenios, en cada sistema había un reconocimiento fundamental de que se trataba de seres humanos. Sin embargo, como señala Ariela Gross, entre los ingleses, "por primera vez en la historia, una categoría de la humanidad fue excluida de la 'raza humana' y convertida en un subgrupo separado destinado a permanecer esclavizado durante generaciones a perpetuidad".[14] Estos subhumanos eran los africanos capturados.

Fui testigo de la parte ghanesa del triángulo durante una visita en 2017, cuando seguí los pasos de mis antepasados africanos desde las comunidades del interior a través de cientos de kilómetros hasta el fuerte de esclavos de Cape Coast.[15] Hasta doce millones de africanos secuestrados fueron enviados a América desde fuertes como este. Justo enfrente del castillo de Cape Coast, se alza majestuosa la catedral de la Iglesia de Inglaterra.

Todo ello nos lleva una vez más a Virginia. Apodada el "Viejo Dominio", Virginia se erigía orgullosa en el centro de la vida colonial inglesa y de la esclavocracia estadounidense. Como la iglesia más rica y privilegiada de América, y descendiente directa de la Iglesia de Inglaterra, la Iglesia Episcopal respaldaba activamente la esclavitud y el sistema más amplio de dominación y supremacía blanca.

Antes de la Guerra de la Independencia, el anglicanismo era la iglesia establecida en las prósperas colonias de Virginia y Nueva York, y la iglesia estatal de facto en la mayor parte del Sur. Como explica Harold Lewis en su histórico libro *Yet with a Steady Beat: The African-American Struggle for Recognition in the Episcopal Church* [Pero con ritmo constante: La lucha afroamericana por reconocimiento en la Iglesia Episcopal], las potencias coloniales concedían tierras al clero y recaudaban un impuesto (llamado diezmo) que sostenía a la Iglesia. Cuando los dirigentes estatales aprobaron una ley tras otra que codificaba y reforzaba la esclavitud, la Iglesia no dijo nada. Tenía las manos—y la lengua—atadas.[16]

En las décadas previas a la Guerra Civil, las iglesias presbiteriana, metodista y bautista lucharon públicamente y libraron batallas internas sobre la institución de la esclavitud. Durante el mismo periodo, el Papa Gregorio XVI declaró que era inconcebible esclavizar, perseguir o explotar de cualquier otro modo a "indios, negros u otras clases de hombres". En Inglaterra, los anglicanos estaban a la vanguardia del movimiento abolicionista. En otras palabras, existía un creciente consenso cristiano global contra la esclavitud, e incluso las otras iglesias euro-tribales de América se estaban inclinando hacia él.

De todas las iglesias de Estados Unidos, la Iglesia Episcopal era posiblemente la más dispuesta a seguir acomodando a los esclavistas, comerciantes y racistas de clase alta, y la menos proclive a acoger la participación igualitaria y plena de los negros, esclavos o libres. El clásico de James Birney de 1842, *The American Churches* [Las iglesias estadounidenses], estudiaba el papel que desempeñó cada una de las familias confesionales en el apoyo a la esclavitud. Presentó este caso contra la Iglesia Episcopal:

> Sus congregaciones se encuentran principalmente en las ciudades y pueblos, y generalmente están formadas por personas de las clases más acomodadas de la sociedad. Esto, junto con la pequeñez de su número y la autoridad de los obispos, ha impedido que se agite mucho con la cuestión antiesclavista... Aunque aparentemente deseosos de mantenerse alejados de toda conexión con el movimiento antiesclavista, los episcopales no han dejado de ejercer su influencia en su contra cuando se les ha presentado una oportunidad adecuada.[17]

Al otro lado del Atlántico, el obispo William Wilberforce de Oxford miraba con vergüenza a sus primos estadounidenses. Escribió: "[La Iglesia Episcopal] no levanta la voz contra el mal predominante [de la esclavitud]; lo mitiga en teoría; y en la práctica lo comparte".[18] Lejos de condenar o incluso luchar por la cuestión de la esclavitud, los episcopales apoyaron y compartieron en gran medida los beneficios de la esclavitud mientras el mundo observaba consternado.

## La iglesia de la alta burguesía sureña

La esclavitud era esencial para el creciente poder económico de Estados Unidos y, especialmente en el Sur, esa riqueza y poder fluyeron libremente hacia la Iglesia Episcopal. Walter Posey señala: "Casi todos los obispos del Sur poseían esclavos, ya fuera por herencia o por compra... Cuando su esposa tuvo la opción de heredar dinero o cuatrocientos esclavos, el obispo Polk de Luisiana la animó a que se quedara con los esclavos, ya que pensaba que así podría funcionar mejor en su estado como hombre influyente".[19]

Durante siglos, las clases dirigentes del Sur tuvieron dos cosas en común: la Iglesia Episcopal y la esclavitud. Elisabeth Evans Wray señala que la Iglesia podía contar entre sus miembros con "la gran mayoría de la aristocracia terrateniente propietaria de esclavos de Virginia".[20] Se animaba a los esclavistas del Sur a utilizar herramientas como el catecismo escrito por el obispo de Virginia William Meade especialmente para los esclavos. Decía, en parte:

P. "¿Cuál es la responsabilidad de los siervos?"
R. "Ser obedientes a sus amos con sinceridad de corazón, como a Cristo; no realizando el servicio solo para ganarse el favor humano con apariencias externas, sino como siervos de Cristo; llevando a cabo su labor como si estuvieran sirviendo al Señor y no a los hombres".

P. "¿Qué directrices se proporcionan a los siervos?"
R. "Siervos, obedezcan en todas las cosas a sus amos terrenales; no realizando el servicio solo para complacer a los hombres, sino con sinceridad de corazón, mostrando reverencia hacia Dios".[21]

Meade fue uno de los numerosos obispos episcopales del Sur que respaldaron y apoyaron no solo la esclavitud, sino también la visión más amplia de Estados Unidos como una nación excepcional que representaría la supremacía de la civilización blanca y anglosajona ante el mundo. Justo antes de la Guerra Civil, un grupo de estos obispos se reunió para establecer la Universidad del Sur, una institución ubicada literalmente en una colina, en este caso, las montañas del este de Tennessee. El Proyecto Roberson sobre Esclavitud, Raza y Reconciliación de la universidad ha descubierto pruebas de las intenciones supremacistas blancas de los fundadores. Por ejemplo, los planes iniciales de la universidad incluían una Escuela de Etnología y Geografía Universal, un campo que examinaba cómo cada región geográfica estaba vinculada a una raza única, y cómo cada una de esas razas estaba dispuesta en un orden divino, con los europeos de piel clara y sus descendientes en la cima y los africanos y "salvajes" de piel oscura en la base. Como señala el Proyecto Roberson, "el plan de los fundadores y fideicomisarios era convertir a la Universidad del Sur en un destacado centro para el estudio de la raza y, por ende, en un sólido pilar ideológico de una civilización basada en la esclavitud de los afrodescendientes".[22]

De esta manera y de muchas otras, la propia Iglesia Episcopal del Sur sirvió como uno de los pilares más fuertes que sostenían una sociedad fundamentada en la supremacía blanca, una visión egocéntrica en oposición directa al reino de Dios.

## La participación del Norte

Se puede argumentar que la Iglesia del Norte estaba tan implicada en la esclavitud como la del Sur. La cineasta Katrina Browne rompió el relativo silencio sobre la complicidad episcopal del Norte con su documental de 2008, *Traces of the Trade: A Story from the Deep North* [Rastros del comercio: Una historia desde el Norte profundo]. La galardonada película seguía a los miembros de su familia, residentes en Rhode Island, mientras confrontaban el comercio triangular y exploraban la historia de su antepasado James DeWolf, episcopal y el comerciante de esclavos más próspero de la historia de Estados Unidos.

Aunque *Traces* fue revelador, la narrativa podría haber surgido en prácticamente cualquier estado del noreste. La esclavitud era una parte integral de la vida en la ciudad de Nueva York, un bastión de la Iglesia Episcopal. Los líderes diocesanos cerraron los ojos ante las protestas contra el comercio de esclavos en la ciudad, posiblemente porque varias iglesias episcopales emblemáticas fueron construidas y mantenidas con el trabajo de esclavos y fondos obtenidos a través del comercio de esclavos.[23]

En Filadelfia, los episcopales se enorgullecen al hablar de la Iglesia Episcopal de Santo Tomás, la primera iglesia negra de la denominación fundada por el padre Absalón Jones, su primer sacerdote negro. No podemos pasar por alto el hecho de que, en su momento, Pensilvania le negó a Santo Tomás un asiento en su convención diocesana. Los líderes opositores argumentaron que "el color, la condición física y social, y la educación de los negros los incapacitan para participar en órganos legislativos".[24] La Diócesis de Nueva York presentó un caso similar contra la admisión de la Iglesia Episcopal de San Felipe en Harlem, la segunda iglesia negra episcopal en los Estados Unidos. San Felipe necesitó ocho años y la incansable presión de líderes negros junto con sus aliados blancos para asegurar su lugar.

En la cultura popular, se representa a una nación estadounidense previa a la guerra como notablemente dividida, con las instituciones del Norte y del Sur enfrentándose en lados opuestos del conflicto. Sin embargo, en la Iglesia Episcopal, no existía tal abismo, ya que la solidaridad de clase solía prevalecer sobre las afinidades regionales. Como señala Gardiner "Tuck" Shattuck, "las amistades que se forjaban en las escuelas y en los lugares de veraneo del Norte... seguían uniendo a los obispos y a los principales clérigos por encima de las líneas seccionales".[25]

Quizás no haya un mejor ejemplo de esos lazos que el obispo John Henry Hopkins. Aunque lideraba la diócesis de Vermont, sus conexiones familiares y eclesiásticas se extendían por todo el Sur. Dos de sus hijos trabajaban en las diócesis de Misuri y Luisiana, y en 1859, los obispos del Sur le pidieron que elaborara los planos de su propuesta Universidad del Sur.[26] Posteriormente, el 13 de enero de 1865, como el obispo de mayor rango en la Cámara de Obispos, Hopkins asumió el cargo de obispo presidente de la Iglesia Episcopal.

En diversas ocasiones, sus colegas persuadieron a Hopkins para que escribiera sobre la relación entre la esclavitud y el cristianismo. Sus primeros panfletos delineaban los argumentos bíblicos a favor de la esclavitud, aunque reconocían un razonamiento moral en contra de someter a otros seres humanos.[27] A medida que se aproximaba la Guerra Civil, y probablemente influenciado por las súplicas más apasionadas de sus amigos del Sur, Hopkins se inclinó decididamente hacia el lado proesclavista y publicó *The Bible View of Slavery* [La perspectiva bíblica sobre la esclavitud], que se convirtió en uno de los textos definitivos sobre la esclavitud y las Escrituras. En él, escribió:

La esclavitud de la raza negra, tal como se practica en los estados del Sur, me parece plenamente respaldada tanto en el Antiguo como en el Nuevo Testamento, que, como Palabra escrita de Dios, ofrecen la única norma infalible de derechos y obligaciones morales. En mi humilde opinión, esa misma esclavitud ha elevado incomparablemente al negro en la escala de la humanidad y parece ser, de hecho, el único medio a través del cual la posteridad pagana de Canaán ha sido elevada.[28]

Durante la Guerra Civil, cuando los obispos del Sur se retiraron para formar su propia Iglesia Confederada, Hopkins continuó siendo un nombre prominente en cada votación de la Cámara de Obispos. Después del fin de la guerra, en su papel de obispo presidente, Hopkins desempeñó un papel crucial en la reunificación de los obispos del Sur y del Norte. Es relevante destacar que las tensiones en la Cámara eran menos por la cuestión de la esclavitud y más por la ruptura de su unidad. La mayoría de los obispos episcopales y los principales líderes clericales y laicos de la Iglesia respaldaban consistentemente la esclavitud y la presunción de la superioridad blanca, como se refleja en la historia del reverendo George Freeman.

En 1836, Freeman ocupaba el cargo de rector en la Iglesia de Cristo en Raleigh, Carolina del Norte, y pronunció una serie de sermones sobre la esclavitud. Afirmó que la esclavitud "se ajustaba al orden de la Divina Providencia" e insistió en que "ningún hombre, sin una nueva revelación del cielo, tenía derecho a declararla errónea".[29] Su obispo, Levi Silliman Ives, estaba presente y respaldó el mensaje de Freeman de manera tan incondicional que se alió con otros esclavistas para publicarlo y circularlo como panfleto.

En aquel momento, las fuerzas a favor de la esclavitud carecían de muchas voces cristianas reflexivas, por lo que los políticos a menudo esgrimían argumentos económicos para respaldarla. Cuando la Iglesia Episcopal publicó estos panfletos, proporcionó un respaldo significativo, y los partidarios de la esclavitud lo tomaron como un sólido apoyo. Como muestra de su gratitud, el nombre y la fama de Freeman se extendieron por toda la nación.[30]

Solo ocho años después, en 1844, la Convención General de la Iglesia Episcopal se reunió en Filadelfia para elegir un obispo misionero para Arkansas, Texas y el Territorio Indio. En ese momento, los líderes políticos de Estados Unidos debatían sobre si apoyar o no la práctica de la esclavitud en estos territorios. A diferencia de la división en la esfera política, la Iglesia Episcopal no se dividió. La Cámara de Obispos nombró a George Freeman como obispo para llevar el evangelio y promover el ministerio episcopal en este campo misionero, y tanto el clero como los diputados laicos confirmaron esta elección. Una vez más, la Iglesia Episcopal bendijo y sancionó voluntariamente los trabajos del imperio, tal como la Iglesia había sido formada para llevar a cabo desde su nacimiento.

## A contracorriente

En la consideración de estos eventos históricos, resulta comprensible que, tras la emancipación, muchos afroamericanos optaran por abandonar la Iglesia Episcopal. Este éxodo masivo desconcertó a los líderes episcopales blancos, quienes observaban con envidia y resentimiento cómo otras denominaciones daban la bienvenida a cristianos negros que, en muchos casos, habían sido bautizados e incluso catequizados por la Iglesia Episcopal. ¿Fue nuestro estilo de culto el motivo? ¿O quizás la estructura jerárquica eclesiástica? Más que cualquier otra cosa, los líderes negros anhelaban lo que la Iglesia Episcopal no les otorgaba: el reconocimiento y respeto como hijos de Dios.

En los raros casos en que la Iglesia Episcopal permitía la existencia de congregaciones negras, solía asignar clero blanco para liderarlas. Incluso cuando el clero negro prestaba servicio, a menudo lo hacía en condiciones humillantes. Anna Julia Cooper expresó su pesar por esta situación en 1892:

Hace poco, un sacerdote de color que conozco compartió conmigo, con lágrimas en los ojos, una experiencia desgarradora. Relató cómo su reverendo padre en Dios, el obispo que lo había ordenado, se encontró con él en el tren camino a la convención diocesana. El obispo, no sin amabilidad, le advirtió que no tomara asiento en el cuerpo principal de la convención con el clero blanco. Para no perturbar la piadosa armonía, se le sugirió que se sentara, por supuesto, detrás y ligeramente apartado.[31]

Me resulta revelador que el obispo no argumentara a favor de la inferioridad o la falta de idoneidad de los negros (aunque supongo que se daban por descontadas). El gran peligro de acoger a un sacerdote negro era perturbar la tranquilidad y la paz de los procedimientos eclesiásticos. Para una comunidad fundada sobre el orden social establecido y encargada de mantenerlo, una ruptura con el decoro y la uniformidad sería la mayor de las violaciones. Sin duda, el obispo y otros dirigentes eclesiásticos podían asegurarse de que no estaban motivados por el racismo, sino simplemente por la necesidad de preservar el buen orden.

De hecho, a menudo se alistaba a agentes de policía para vigilar a los fieles negros y garantizar "el buen orden y la corrección".[32] Las congregaciones negras se veían obligadas a aceptar el liderazgo de juntas parroquiales blancas procedentes de otras parroquias (esta práctica continuó hasta la década de 1960).[33] En varias comunidades del sur, los episcopales blancos intentaron prohibir el culto a los negros.[34] Una vez que los obispos empezaron a hacer cumplir los cánones que prohibían la segregación, algunos blancos simplemente se marcharon. Historias de los años 30 y 40 hablan de iglesias que anunciaban los linchamientos del día en sus boletines dominicales, para que los miembros pudieran llevar una cesta de picnic y verlos después del culto.[35] La violencia racial de la cultura encontró un cómodo hogar en algunas de nuestras iglesias.

Cuando los estadounidenses comenzaron a reflexionar sobre los derechos civiles, liderados por cristianos, los episcopales a veces estuvieron a la vanguardia, pero es más probable que hayan sido indecisos, adoptando estas ideas en una etapa más tardía. Cuando la Iglesia en general finalmente empezó a cambiar, estudiosos como John Kater afirman que lo hizo en parte para preservar el rol de la Iglesia en el corazón del orden instituido en los Estados Unidos.[36] Si la nación necesitaba paz, orden y tranquilidad mientras atravesaba la conmoción social, la Iglesia Episcopal ayudaría a proporcionarlo, como lo había hecho desde su fundación como la Iglesia de los poderosos.

El reverendo John Burgess, el primer episcopal negro en ocupar el cargo de obispo diocesano, proporcionó una perspectiva única sobre el funcionamiento interno de la Iglesia, revelando la ambivalencia que a menudo caracteriza la relación de la Iglesia con las comunidades en las periferias del imperio. A pesar de abogar por la inclusión y la integración en toda la Iglesia, Burgess fue testigo constante de cómo las iglesias y los miembros negros eran despojados sistemáticamente de su poder e identidad. Se percató de que, "en muchos casos, los feligreses negros experimentaban una acogida fría o se veían relegados a ciudadanos de segunda clase en las parroquias fusionadas".[37]

Aunque las historias pueden ser más contemporáneas, las personas latinas y asiáticas en la Iglesia Episcopal han experimentado con frecuencia una bienvenida fría, cuando no un desdén absoluto. El informe de 2020 del Comité de Teología de la Cámara de Obispos sobre la supremacía blanca destaca la historia de la misión asiática de la Iglesia. Mientras las políticas antiasiáticas y excluyentes se intensificaban entre las décadas de 1880 y 1940, la Iglesia, en general, guardaba silencio.[38] A pesar de que algunas iglesias en el Oeste habían cultivado sólidas relaciones con trabajadores chinos, cuando una de estas iglesias se incendió en 1875 y el Congreso aprobó la Ley de Exclusión China de 1882, la diócesis optó por cerrar la iglesia en lugar de proteger a sus miembros asiáticos.

El patrón persistió desde 1910 hasta la década de 1940, cuando la Iglesia Episcopal no estableció nuevas misiones asiáticas. (Los episcopales japoneses que fueron obligados a internarse en la década de 1940 regresaron y reconstruyeron por sí mismos). El informe del

Comité de Teología señala: "La Iglesia respondió con un silencio apático a la difícil situación de sus comunidades asiáticas, tanto a nivel de las diócesis locales como de la Iglesia Episcopal a nivel nacional".[39] Los episcopales latinos constituyen uno de los grupos de mayor crecimiento en la Iglesia, aunque los líderes no se hacen ilusiones sobre la completa acogida de la Iglesia hacia las personas y la cultura latinas. Juan Oliver desempeña el rol de custodio del Libro de Oración Común y es testigo frecuente de la resistencia de la Iglesia hacia la cultura y el poder de aquellos que no son blancos. "La dinámica interpersonal de la 'inclusión' siempre implica a una persona que 'incluye' y a otra que es 'incluida'", destaca. "En la Iglesia Episcopal, los latinos siempre estamos siendo invitados, incluidos y atendidos pastoralmente. Nunca se nos permite hacer algo por nosotros mismos. Esto generalmente implica que somos bienvenidos como invitados en casa ajena".[40]

Este es precisamente el tipo de dinámica que cabe esperar en una Iglesia construida sobre los cimientos del colonialismo, el imperio y el egocentrismo. El principal modo de relación con los no blancos y otros foráneos sería la acogida y la caridad; alcanzar la amabilidad y la reciprocidad dentro del reino de Dios exigiría otro nivel de imaginación.

## La élite cristiana estadounidense

Aunque me he centrado en la supremacía blanca como el ámbito en el que la Iglesia Episcopal establece su alianza con los sistemas del imperio, el orden establecido y la dominación, no puedo cerrar este capítulo sin reconocer la realidad del clasismo y el elitismo. Si los fundadores de Estados Unidos creían que estaban estableciendo una ciudad blanca y superior sobre una colina, la Iglesia Episcopal se situaba en el pináculo de esa ciudad.

Hubo un tiempo en que la Iglesia Episcopal podía presumir de tener la mayor parte de los presidentes y miembros del Congreso, algo asombroso si se tiene en cuenta el modesto número de miembros de la Iglesia. Aunque esas esferas de poder se han diversificado en el último siglo, muchos estudios siguen mostrando que un porcentaje desproporcionado de los líderes del gobierno, la empresa y la educación se identifican como episcopales o han sido formados por instituciones episcopales.[41]

La clase y la influencia social han sido durante mucho tiempo una realidad para la Iglesia Episcopal, como argumentan Kit y Fredrica Konolige en su historia social de 1978, *The Power of Their Glory: America's Ruling Class: The Episcopalians* [El poder de su gloria. La clase dominante de Estados Unidos: los episcopales]. La pareja estudió el abrumador poder financiero, intelectual y social que ostentan los miembros de la Iglesia Episcopal, y es interesante observar cómo estas cifras se mantienen a lo largo del tiempo. En 1976, informan que el 48% de los episcopales eran los que más ganaban (más de $20,000 al año), mientras que solo el 21% de la población estadounidense en general ganaba esa cantidad. En 2014, el 36% de los episcopales estaban en esa categoría superior (más de $100,000), una proporción más alta de personas ricas que cualquier otro grupo cristiano y mucho más que el 18% de la población total que gana tanto.[42]

Mientras la mayoría de los estadounidenses veía disminuir sus ingresos y oportunidades educativas, los episcopales permanecían cómodamente en la cúspide, manteniendo una posición dominante. En 1976, aproximadamente el 45% de los episcopales habían asistido a la universidad, en comparación con el 29% de la población general. En 2014, el 56% de los episcopales había completado la universidad o estudios de posgrado, mientras que solo el 27% de la población general había alcanzado esos niveles educativos.

Después de acumular montañas de evidencia, los Konoliges concluyen que la aristocracia estadounidense podría ser más apropiadamente llamada "episcocrática".[43]

Lo que los ha vuelto tan importantes para el país es que su conjunto de actitudes y costumbres, nutrido por una atmósfera distintivamente anglófila y episcopal, ha sido adoptado por quienes no son episcopales como la norma de conducta de la clase alta (en el ámbito legal, gubernamental y empresarial). La influencia de las instituciones claramente episcopales, como los colegios preparatorios, las universidades masculinas y los clubes metropolitanos, difícilmente puede ser exagerada.[44]

Durante mucho tiempo hemos sido la iglesia de los esclavistas, los industriales y las clases propietarias y ejecutivas; en resumen, la iglesia aliada con el poder y el control. Los Konoliges lo expresaron tal como lo veían.

Soy consciente de que términos como "clase alta", "élite" e "imperio" son delicados en Estados Unidos, y el título "episcócrata" podría desanimar a algunos lectores. Al reflexionar sobre el período posterior a la Guerra de Independencia, nuestra pertenencia a ciertos grupos culturales y socioeconómicos cobra más sentido. A finales del siglo XVIII, la élite dirigente inglesa había desaparecido, y los revolucionarios y fundadores de ascendencia anglosajona ocuparon rápidamente ese espacio, convirtiéndose en los forjadores de instituciones. La Iglesia Episcopal se erigía como la institución natural para contener y preservar la cultura, los valores y la estética de esta élite anglosajona estadounidense. Si se deseaba acceder a esos círculos de élite o simplemente gravitar hacia su cultura sobria y ordenada, la Iglesia Episcopal era el hogar eclesiástico ideal.

Hoy en día, la influencia de una clase dirigente episcopal claramente delineada ha disminuido, al igual que nuestro estatus como la iglesia del orden establecido estadounidense. La decadencia y la desorganización constantes nos han humillado y nos han permitido abrazar más plenamente la lengua vernácula, así como las expresiones locales y multicolores de nuestras comunidades circundantes. A pesar de ello, especialmente en lo concerniente a la liturgia, la educación y la posición social, los episcopales siguen resonando con la cultura elitista y la blanquitud. Persistimos en llevar las marcas del imperio al cual fuimos destinados a servir.

# 5

# Destellos de luz

*Los cobardes preguntarán si es seguro,*
*los oportunistas si es conveniente,*
*los vanidosos si es popular.*
*La consciencia preguntará si es correcto.*

—Paul Washington[1]


A lo largo de muchos años y de diversas maneras, las iglesias de la mayoría blanca en Estados Unidos han fungido como capellanes del imperio, aliándose con culturas y sistemas colonizadores, dominantes y fundamentalmente egocéntricos. Esta verdad es casi suficiente para sumirte en la desesperación.

Pero no te rindas.

Porque de vez en cuando, se forma una grieta. La luz ha encontrado su camino. Tanto individuos como sectores enteros del liderazgo eclesiástico han desafiado su historia vergonzosa y han decidido solidarizarse con aquellos en las posiciones más vulnerables. Siguiendo el ejemplo de Jesús en Filipenses 2, no se aferraron a privilegios, sino que los renunciaron, poniendo su poder al servicio de los mismos grupos que la Iglesia había dominado y activamente rechazado. Han tomado decisiones sacrificadas, a veces dolorosas, en nombre del amor.

Sí, es necesario escuchar las historias de fracaso y complicidad de la Iglesia para entender el largo camino hacia la comunidad amada. También es esencial conocer aquellos momentos llenos de gracia en los que los cristianos se apartaron del imperio para seguir a Jesús. Al igual que fue instructivo examinar la Iglesia Episcopal y su rendición ante el imperio, ahora vale la pena detenerse en el testimonio de los episcopales que resistieron y se mantuvieron firmes en el camino de Jesús. Ninguno de ellos es perfecto. Ninguno es un "santo". Aun así, si hay alguna esperanza de nueva vida en nuestro momento actual de caos y oportunidad, podemos encontrarla al escuchar profundamente a antepasados y compañeros que se apartaron del imperio, el privilegio y el egocentrismo, recalibraron sus vidas en Jesús y avanzaron hacia la comunidad amada de Dios.

## John Jay II: Apostando todo por sus amigos

En 2019, la Diócesis de Nueva York aprobó una serie de resoluciones sobre justicia racial que se presentaron en la convención, celebrada en vísperas de la Guerra Civil. Quien pronunció esa profética llamada unos 160 años antes fue John Jay II.

El nieto del primer presidente de la Corte Suprema de los Estados Unidos y el hijo de un juez (ambos conocidos por su oposición a la esclavitud), John Jay II desafiaba los límites y fortalecía su relación con las personas de raza negra, al punto de que sus compañeros episcopales comentaban sobre su "negrofilismo".[2]

Jay nació en Nueva York en 1817 y recibió su educación en el Muhlenberg Institute, una institución masculina en Queens fundada por el destacado sacerdote evangélico y crítico de la esclavitud, el Dr. William Augustus Muhlenberg. En 1834, con tan solo diecisiete años y aún estudiando en el Columbia College, Jay colaboró en la fundación y posteriormente lideró la Sociedad Antiesclavista de Jóvenes de Nueva York. Mientras que otras personas de mentalidad liberal abogaban por los méritos de la colonización, es decir, liberar a los negros y trasladarlos rápidamente a África, él sostenía firmemente la creencia de que los negros debían ser ciudadanos de la nación que habían contribuido a construir.

Esta posición lo enfrentó a profesores conservadores y compañeros en Columbia, muchos de los cuales provenían de familias comerciantes de algodón en Nueva York.[3] También generó tensiones en su iglesia. En 1839, recién graduado en Derecho a los veintidós años, Jay envió a sus compañeros episcopales un escrito titulado "Reflexiones sobre el deber de la Iglesia Episcopal en relación con la esclavitud":

[La Iglesia Episcopal] no solo ha permanecido como una testigo silente e indiferente de este gran conflicto entre la verdad y la justicia frente a la hipocresía y la crueldad, sino que incluso sus propios sacerdotes y diáconos pueden ser vistos sirviendo en el altar de la esclavitud... Su clero del Norte, con raras excepciones, independientemente de lo que puedan sentir sobre el tema, no lo reprende ni en público ni en privado, y sus publicaciones periódicas, en lugar de contribuir al avance en el progreso de la abolición, a veces se oponen a nuestras sociedades, defendiendo implícitamente la esclavitud como algo no incompatible con el cristianismo, y en ocasiones ocultando información valiosa para la causa de la libertad.[4]

Jay admiraba a los líderes de la Iglesia de Inglaterra que ejercieron su autoridad moral para presionar a los británicos a ilegalizar el comercio de esclavos en 1807 y liberar a los esclavos en las Indias Occidentales en 1833. ¿Por qué la Iglesia Episcopal, una fuerza poderosa en la llamada "tierra de la libertad", no podía adoptar una postura similar? En lugar de eso, fue testigo de una iglesia que se conformaba plenamente con el orden racista de la época.

Jay se embarcó en la tarea de reformar la Iglesia y trabajar por la justicia. El mismo año en que publicó su manifiesto "Pensamientos", se enteró del caso de Alexander Crummell, un joven negro talentoso que buscaba la ordenación en Nueva York. Crummell sería más tarde reconocido como uno de los eruditos y eclesiásticos negros más destacados de su siglo, pero en 1839, era miembro de la Iglesia Episcopal de San Felipe y aspirante al Seminario Teológico General, el principal centro de formación episcopal en Nueva York. A pesar de que Crummell cumplía con todos los requisitos, el comité se negó a admitirlo y, en su lugar, le ofreció instrucción privada para evitar que figurara en las listas de estudiantes del General y molestara a sus partidarios sureños.[5]

Jay se presentó de inmediato en la puerta de Crummell. Aunque eran desconocidos, Crummell recordaría más tarde: "Se enteró del trato grosero e injusto que había recibido y vino a ofrecerme su simpatía y socorro".[6] Jay dio la voz de alarma en una carta al *New York American*, expresando que la Iglesia había "establecido deliberadamente un sistema de castas" y lamentando: "Que los obispos se pongan del lado del opresor es realmente extraño".[7] Al final, Crummell asistió a Yale y luego a la Universidad de Cambridge, contando con el apoyo económico y la amistad personal de Jay, y fue ordenado en Massachusetts.

Jay también defendió a la iglesia patrocinadora de Crummell, San Felipe, contra la discriminación en la diócesis de Nueva York. A pesar de que la iglesia se fundó en 1809 y contaba con el respaldo de la Iglesia de la Trinidad en Wall Street, algunos líderes de esta última lucharon para evitar la presencia de delegados de San Felipe en la convención diocesana.[8] Cuando Jay presentó una resolución en 1845 para admitir a San Felipe, un comité diocesano afirmó que los negros eran "socialmente desacreditados y asociados impropios para la clase de personas que asisten a nuestra Convención". Permitir la existencia de una iglesia negra era una cosa, pero permitir que los negros se unieran a los consejos y a la compañía del resto de la Iglesia era otra cuestión.

La lucha de San Felipe duró ocho años, y Jay permaneció a su lado todo el tiempo. En un momento dado, su propia iglesia, la de San Mateo en Bedford, se sintió incómoda con su postura radical y se negó a enviarlo como delegado a la convención.[9] George DeGrasse, miembro de la junta parroquial de San Felipe, comentó una vez sobre Jay: "Cerraste tus oídos a las seducciones de la popularidad y elegiste con calma el camino casi desierto de la filantropía y la libertad".[10]

Jay continuó presentando la petición de San Felipe cada año y, finalmente, en 1853, la convención votó abrumadoramente a favor de reconocer a San Felipe y de sentar a sus delegados. Los opositores se enfurecieron y escupieron a Jay. En su diario, George Templeton Strong, miembro de la junta parroquial de la Trinidad, escribió: "Otra revolución. La moción anual de John Jay fue finalmente aprobada y la delegación de negros fue admitida en la Convención Diocesana. John Jay debe experimentar un vacío de desdicha y dolor..."[11]

Fuera de la iglesia, como abogado en práctica privada, Jay se erigió como el principal defensor de Nueva York, a menudo sin costo alguno, de los esclavos fugitivos que buscaban la libertad en el estado.[12] Sus pares en la sociedad culta de Nueva York lo censuraron por tales alianzas; probablemente, esta fue la razón por la cual fue excluido del Union Club en 1851.

En 1859, Jay emprendió casi en solitario una cruzada para persuadir a la diócesis de Nueva York de que se opusiera a la aún próspera participación de la ciudad en el comercio de esclavos. Los episcopales llevaban mucho tiempo adaptándose a la realidad de que su prosperidad estaba ligada a la esclavitud y que la Iglesia no debía interferir en su bienestar económico. Jay no podía tolerar semejante compromiso moral.

La primera vez que presentó la resolución antiesclavista en la convención de la Iglesia, fue recibido con abucheos y silbidos en la asamblea y enfrentó críticas en la prensa. Ni una sola persona respaldó la propuesta. Incluso un colega de mentalidad liberal negó su apoyo a los esfuerzos de Jay y lo tildó de "incansable y persistente defensor de los negros" que, lamentablemente, "siempre parecía elegir el momento equivocado para aparecer con el inevitable negro".[13]

Al año siguiente, Jay presentó una serie de resoluciones en las que instaba al obispo y al clero a escribir y predicar en contra del comercio ilegal e inmoral de esclavos, alentando a los laicos en posiciones influyentes a hacer su parte también. Justo cuando se disponía a hablar, la presidencia dio lugar a una moción para presentar las resoluciones. Jay se quedó estupefacto y enmudeció.

Más tarde en la convención, tomó la palabra y, con el mismo vigor que debió aportar a su defensa de los esclavos fugitivos, expuso un ardiente caso argumentando por qué la Iglesia Episcopal, en particular, estaba obligada a hablar y actuar para poner fin al comercio de esclavos. Levantó una crítica del *London Christian Observer*, cuyos autores observaron con tristeza: "Incluso en aquel entonces, parece que la Iglesia Episcopal no solo estaba dispuesta a justificar a los ladrones de hombres, sino también a respaldar su horrenda causa con la autoridad que poseía".[14]

Jay sufrió interrupciones y gritos durante todo el discurso, pero citó a los antiguos padres de la Iglesia africana como testigos de la verdad:

> Retrocedamos a tiempos ancestrales y escuchemos la voz de San Cipriano, quien escribió a los obispos de Numidia: "Tanto la religión como la humanidad nos imponen el deber de trabajar por la liberación de los cautivos... Contemplemos a Jesucristo mismo entre nuestros hermanos cautivos. Es a Él a quien debemos liberar del cautiverio, a Él que nos ha rescatado de la muerte".[15]

Jay no vivió para presenciar cómo su iglesia afirmaba la plena humanidad de los negros. No pudo escuchar al obispo Andy Dietsche dirigirse a la convención de la diócesis de Nueva York en 2019 y admitir: "Tenemos mucho por lo que responder. Somos cómplices".[16] Tampoco fue testigo de la creación por parte de la diócesis de un fondo de reparaciones de $1.1 millones, que representa el 2.5% de su dotación. Sin embargo, el sacrificio de Jay allanó el camino para la sanación, la reparación y la manifestación del reino de Dios en nuestros días.

## Vida Scudder: Compañera de los pobres

No hay indicios en los antecedentes de Vida Scudder que sugieran que se convertiría en una defensora radical del evangelio social y en una firme colaboradora de los residentes más pobres de Boston. Nació en 1861 y llegó a la mayoría de edad durante el auge de la expansión industrial, los ladrones de guante blanco y los barrios marginales. Aunque se crio en el seno de una familia congregacional, a los catorce años decidió confirmarse como episcopal.

Durante este período, los episcopales dejaron de identificarse con la esclavocracia para convertirse en la clase dirigente y propietaria. En una jerarquía social supuestamente ordenada por Dios, la Iglesia Episcopal se presentaba como la guardiana de la unidad, el orden y las tradiciones de la nación.

Las mujeres de la posición de Scudder disfrutaban de protección en la vida y recibían educación en las mejores escuelas. Scudder, por su parte, obtuvo su licenciatura y máster en el Smith College. A pesar de compartir experiencias con compañeras altamente reflexivas, experimentaba aburrimiento, inquietud y frustración. "Todos estamos confinados en la prisión de la clase", expresó. "Nuestra cultura está condenada a seguir siendo trágicamente estrecha e incompleta".[17]

Al graduarse, Scudder viajó a Inglaterra y se convirtió en una de las pocas mujeres admitidas para estudiar en Oxford. Asistió a las últimas conferencias del crítico social John Ruskin y quedó cautivada por su análisis de la vacuidad y la autorreferencialidad de la cultura contemporánea, así como por su visión inspirada en los valores evangélicos de una sociedad igualitaria. La joven Scudder fue golpeada por un "dolor punzante intolerable" y empezó a reconocer la "plétora de privilegios en la que mi suerte había sido echada".[18] Más tarde, en *My Quest for Reality* [Mi búsqueda de la realidad], expresó: "No puedo encerrarme en bibliotecas a estudiar leyendas medievales mientras hoy los hombres perecen por el Pan de Vida".[19] Su despertar había comenzado.

Siguiendo el ejemplo de otros estudiantes de Ruskin, Scudder se unió al Ejército de Salvación. Sin duda, la oración de envío del Ejército resonó profundamente en su corazón recién abierto y expuesto:

> Mientras las mujeres lloren, como ahora, yo lucharé; mientras los niños pasen hambre, como ahora, yo lucharé; mientras los hombres vayan tras las rejas, en un constante ir y venir, como ahora...
> ¡Lucharé, lucharé hasta el final![20]

Y luchó. En colaboración con líderes del evangelio social como Walter Rauschenbusch, fue más allá del enfoque del Ejército de Salvación sobre el individualismo y desarrolló un análisis sistémico de la pobreza. Llegó a comprender que las fuerzas de opresión y pecado que operaban en la sociedad eran como un "reino del mal", con el capitalismo en el centro de todo. Trabajó para que las instituciones, no solo los individuos, se arrepintieran y se convirtieran.[21]

Scudder regresó a Massachusetts para enseñar en el Wellesley College e inspiró a estudiantes de diversas escuelas de la costa este a formar una Asociación de Casas de Asentamiento Universitarias. El grupo fundó Denison House, una casa de asentamiento en Boston, y Scudder vivió allí gran parte del año. Denison House sirvió como sede para varios sindicatos y llegó a proporcionar asistencia laboral, clases de inglés, cuidado de niños y capacitación en habilidades manuales a mil quinientas personas a la semana.

Mantuvo sus contactos con las élites sociales para integrarlas en Denison House y ayudarlas a escuchar y prestar atención a la sabiduría de los marginados. Con toda su educación y privilegios, había aprendido que las soluciones a los males sociales solo podían determinarse "mediante la cooperación, si no mediante la iniciativa, de quienes los padecen".[22] Tomando inspiración de sus vecinos más desfavorecidos, se enfrentó a las empresas explotadoras, combatió el trabajo infantil y abogó por viviendas dignas. Además, participó activamente en marchas y discursos durante huelgas junto a los trabajadores. El activismo de Scudder estaba profundamente arraigado en una vibrante relación con Dios. En una ocasión, escribió sobre lo que ella comprendía como la "Gran aventura de la fe": despojarse de los privilegios, siguiendo los pasos de Jesús.

La contribución distintiva de la religión a la crisis moderna es incentivar a sus discípulos más prósperos a aliarse con las tendencias que los empobrecerán y limitarán su poder... Es un suicidio espiritual que aquellos que poseen privilegios descansen, hasta que dichos privilegios se conviertan en la suerte común. Esta verdad es la que la iglesia debería impulsar con decisión ante la humanidad.[23]

Puede que sus pares pensaran que Scudder era una traidora a su clase. Para ella, la verdadera pérdida, el "suicidio espiritual", habría sido seguir identificada con el privilegio y el imperio.

Scudder hizo más que escribir y hablar sobre el compromiso radical. Se unió a mujeres episcopales en la Sociedad de Compañeras de la Santa Cruz, una comunidad dedicada a la acción social y a la oración de intercesión (oración por los demás) desinteresada. Scudder estaba personalmente convencida de que este tipo de oración "une perfectamente nuestro amor a Dios y al prójimo... y supera el mayor peligro de la autoformación espiritual".[24] Incluso en la oración, estaba decidida a no centrarse en sí misma, sino en Dios y en el prójimo.

Scudder dedicó su vida a alentar a los cristianos acomodados a renunciar a los privilegios y a las convenciones establecidas, a abrazar una pobreza verdadera y práctica, y a transformar los sistemas opresivos junto con aquellos que más sufren. Para ella, la renuncia a los privilegios no era un castigo. Confiaba en Jesús, quien prometió que, al perder nuestras vidas, ganamos vida abundante.

## Jonathan Daniels: Somos indeleblemente uno

Al igual que Scudder, Jonathan Daniels creció en la Iglesia Congregacional y se convirtió a la Iglesia Episcopal durante su tiempo en la universidad. Seguramente habría estado familiarizado con lo que Gibson Winter denominó en 1961 como la "cautividad suburbana de las iglesias"[25], una variante del cristianismo protestante que prosperaba en relación con la cultura suburbana, aislando a los cristianos del mundo al que Jesús amó. Este tipo de iglesia blanca estadounidense predominante se enfocaba en las necesidades espirituales internas y personales, desatendiendo las tensiones económicas y raciales presentes en las ciudades.

En las décadas de 1950 y principios de los años 60, la mayoría de los episcopales mostraban poco interés en involucrarse en las luchas sociales de ese momento. Arthur Lichtenberger fue elegido obispo presidente en 1959 y proclamó que la misión de la iglesia debía ser transformar la sociedad. Sin embargo, en la práctica, en congregaciones, diócesis e incluso dentro de la Convención General, los episcopales a menudo resistían la integración y la acción social. Los obispos, como grupo, solían enfatizar la obediencia a la ley, independientemente de lo predicado por Lichtenberger.[26] Aun cuando él y otros obispos instaban a respaldar la decisión de 1954 del Tribunal Supremo que desagregaba las escuelas en Estados Unidos, iglesias y diócesis locales organizaban y establecían escuelas segregadas donde los niños blancos podían eludir la integración.[27]

A finales de 1959, John Morris y Cornelius "Neil" Tarplee reunieron partidarios para lanzar la Sociedad Episcopal para la Unidad Cultural y Racial (ESCRU, por sus siglas en inglés), un grupo que fomentaba la desobediencia civil y protestas de arrodillados. Varios sacerdotes fueron encarcelados. En uno de los juicios, el juez citó supuestamente el Libro de Oración Común y recordó a sus colegas episcopales el llamado a la "obediencia respetuosa a la autoridad civil".[28] Acciones sociales como esta eran consideradas como un comportamiento muy no episcopal.

Se podría afirmar que, en líneas generales, la Iglesia Episcopal adoptó una postura neutral e incluso resistente ante el emergente movimiento por los derechos civiles. Sin embargo, la situación cambió el 7 de marzo de 1965. En ese momento, Jonathan Daniels se había graduado en el Virginia Military Institute y se estaba preparando para su ordenación sacerdotal en la Episcopal Theological School de Cambridge, Massachusetts. Aunque se unió al ESCRU, también pensaba que sería mejor que quienes no eran de la zona evitaran interferir en la lucha del Sur, siguiendo el consejo del obispo Charles Carpenter de Alabama.[29]

El 7 de marzo de 1965, Daniels y un grupo de seminaristas se congregaron frente al televisor para presenciar cómo la policía atacaba con violencia a los manifestantes pacíficos que intentaban cruzar el puente Edmund Pettus en Montgomery, Alabama. Al día siguiente, Martin Luther King Jr. instó a las personas de buena voluntad a dirigirse al Sur y contribuir a la lucha no violenta por la justicia. Daniels reflexionó más tarde que le sorprendió una voz interior que le susurraba que *debía* ir a Selma.[30] Sin embargo, rechazó la idea.

Aquella noche, se dirigió a la oración del atardecer. En compañía de sus colegas y profesores, entonó el *Magnificat*, el cántico de María que celebra la actividad de Dios a través de ella y de su hijo Jesús. En esa ocasión, la profecía de María le impactó como nunca antes:

Mi alma proclama la grandeza del Señor;
   mi espíritu se alegra en Dios mi Salvador
      que ha notado la humillación de su sierva.
Desde hoy, todas las generaciones me llamarán bendita:
      Dios Poderoso me ha hecho grandes obras
      y su nombre es santo.
Su misericordia alcanza a sus fieles
      generación tras generación.
Desplegó la fuerza de su brazo
      y dispersó a los soberbios de corazón.

Uniéndose al canto de la madre de Jesús, María, Daniels escribió que se sentía "extrañamente alerta, inclinándose de repente hacia el 'momento' decisivo, luminoso y lleno del Espíritu"...

Derribó a los poderosos de sus tronos
y levantó a la gente humilde.
Colmó de bienes al hambriento
y a los ricos despidió sin nada.

El grito revolucionario de María influyó en la decisión de Daniels de dirigirse hacia Selma. Un día después, viajó a Selma acompañado por su compañera de seminario Judy Upham. En el Domingo de Ramos de 1965, ambos formaron parte de un grupo diverso que se vistió con esmero e intentó asistir respetuosamente a la iglesia episcopal de San Pablo, en Selma. Daniels recordó: "Llamó nuestra atención un miembro de la congregación que entraba en la iglesia mientras nosotros lo hacíamos. Su saludo fue inequívoco: 'Maldita escoria...'".[31]

Si bien su propia Iglesia Episcopal mostraba poca hospitalidad, Daniels se acercó con timidez a la comunidad negra para luego entregarse por completo a los jóvenes activistas por los derechos civiles. Una madre reconoció que, incluso unos meses antes de la llegada de Daniels y Upham, no habría permitido que personas blancas entraran en su casa. "Aunque nos entristeció, le agradecimos su sinceridad y se lo dijimos", escribió. "También le expresamos que, aunque entenderíamos que no nos creyera, habíamos empezado a quererla profundamente a ella y a su familia".[32]

Regresaron a Cambridge para completar el semestre. Para agosto de 1965, ya estaban de vuelta en Alabama. Su familia, compañeros de seminario e incluso algunos compañeros defensores de la justicia no entendían esa atracción. Daniels solo podía explicarlo de esta manera:

Algo sucedió en Selma, algo que significaba que debía regresar. Ya no podía mantenerme al margen con una benevolente indiferencia sin comprometer todo lo que conozco, amo y valoro. El imperativo era demasiado claro, lo que estaba en juego era demasiado importante, mi propia identidad estaba siendo cuestionada de manera significativa... Lo que había presenciado aquí (y en otros lugares) me había impactado profundamente, y el camino de Damasco me llevaba, en mi caso, de regreso aquí.[33]

Las vendas se habían caído de sus ojos de veintiséis años, y no podía pretender lo contrario. Las vidas de las personas negras estaban en peligro, y ahora la suya estaba entrelazada con la de ellas.

El 14 de agosto, Daniels y sus amigos fueron arrestados durante una manifestación y trasladados a la cárcel de Hayneville, Alabama. El grupo de jóvenes, compuesto por personas negras y blancas, pasó seis días encerrado en pequeñas celdas abarrotadas y calurosas en pleno verano. Daniels mantuvo el ánimo elevado dirigiendo al grupo en la oración y el canto.

Fueron liberados el 20 de agosto. Luego, un grupo de cuatro se dirigió a un mercado para comprar bebidas frías. El alguacil Thomas Coleman los esperaba con una escopeta. Intentó disparar a Ruby Sales, una adolescente negra del grupo. Daniels la empujó al suelo y la bala de Coleman lo mató. Coleman fue acusado posteriormente de homicidio involuntario y alegó que actuó en defensa propia. Un jurado compuesto exclusivamente por blancos lo absolvió.[34]

Jonathan Daniels no fue el único episcopal que abogó por la justicia. Fue uno de los pocos que renunció a sus privilegios y tomó la cruz junto a sus prójimos sufrientes, respondiendo al llamado de encarnar el justo reino de Dios y la convicción de que Dios nos creó para formar parte de una comunidad amada. Como escribió a un amigo una semana antes de su muerte: "Comencé a entender en lo más profundo de mis huesos y tendones que había sido verdaderamente bautizado en la muerte y resurrección del Señor... con ellos, los negros y los blancos, con toda la vida, en Aquel cuyo Nombre está por encima de todos los nombres que dividen razas y naciones... somos indeleble e indeciblemente uno".[35]

## Paul Washington: Poder para todo el pueblo

El privilegio y el poder adoptan diversas formas. Algunas personas están destinadas a renunciar o subvertir los privilegios relacionados con la raza o la clase. Soy una mujer negra, pero también tengo el poder asociado con la posición de clériga heterosexual, educada y con recursos económicos (aunque crecí en la clase trabajadora y también llevo esa identidad en lo más profundo). Aquellas personas como yo tienen la opción de aliarse con el poder, participar en sistemas de dominación y cosechar las recompensas prometidas.

Paul Washington fue sacerdote en Filadelfia desde 1954 hasta 1987, y enfrentó muchas de las mismas opciones. Pocos le habrían recriminado si se aferraba a la seguridad y los privilegios que le brindaban su educación y su posición social. Para un hombre negro nacido en Charleston, Carolina del Sur, en 1921, simplemente lograr el éxito ya habría sido un triunfo.

Para Washington, eso no era suficiente. A pesar de tener acceso a posiciones de influencia y poder, optó por cruzar las fronteras de clase y privilegio para unirse al movimiento Black Power, honrando a los pobres y olvidados. Arriesgó su ministerio para asegurar los derechos de las mujeres en la iglesia. Cuando le preguntaban por qué se encontraba tan frecuentemente en los márgenes, arrastrando consigo a la iglesia, solía responder:

> Los cobardes preguntarán si es seguro,
> los oportunistas si es conveniente,
> los vanidosos si es popular.
> La consciencia preguntará si es correcto.[36]

El padre de Washington estableció un ejemplo tranquilo pero firme que su hijo anhelaba seguir. La familia no pertenecía a la clase alta ni tenía la piel clara, por lo que no ocupaban la posición más elevada en la escala social negra. Su vida era modesta y digna, y

Washington admiraba la creencia de su padre de que "era un mandato divino respetar a todos, tanto en casa como fuera".[37]

Su madre sembró la semilla del ministerio ordenado, pero Washington nunca conectó con los pastores bautistas de su juventud. Solo fue cuando el capellán episcopal de la Universidad Lincoln, el reverendo Matthew Davis, llamó a su puerta, que encontró a un ministro con el cual podía identificarse. Washington se preparó para el sacerdocio en la Philadelphia Divinity School, siendo el primer estudiante negro que vivió en el campus. Filadelfia fue su hogar, a excepción de un periodo crucial en el que él y su esposa, Christine, sirvieron como misioneros en Liberia.

La Iglesia Episcopal de El Defensor ya era un respetado centro de ministerio urbano cuando Washington llegó en 1962. Fundada en 1900 como una iglesia de clase media y obrera sin alquiler de asientos, adoptó una medida verdaderamente democrática en una época en que la mayoría de las iglesias episcopales cobraban por un espacio en las bancas y reservaban los mejores lugares para sus miembros más prestigiosos. Sin embargo, debido a su estatus de iglesia de clase popular, los poderes diocesanos insistieron en que los miembros no pudieran elegir a su propio rector ni tomar decisiones financieras o administrativas. En su lugar, el obispo designaba un consejo de fideicomisarios ricos y externos para gestionar los asuntos más importantes de la iglesia. Era paternalista, pero era la única forma que los líderes diocesanos conocían para llevar a cabo el ministerio con comunidades menos privilegiadas.[38]

En la década de 1940, la decreciente congregación blanca de El Defensor recibió a los miembros de una iglesia episcopal negra que había cerrado sus puertas. Cuando Washington entró en escena, El Defensor era una iglesia relativamente integrada, con miembros que realizaban buenas obras pero que rara vez agitaban el barco. Al mirar más allá del extenso edificio, vio un barrio tan plagado de delincuencia y bandas que el comisario de policía lo apodó "la Jungla". El obispo y los líderes de la denominación asumieron un riesgo al invertir en El Defensor y en Washington, con la esperanza de que juntos pudieran establecer un ejemplo de ministerio episcopal vital en una ciudad llena de desafíos.[39] Washington aceptó ese llamado y lo llevó a cabo directamente en los brazos de las personas que sufrían. Se le partía el corazón al ver a los pobres y necesitados "tratados como basura, culpados por ser pobres, deshumanizados y siempre esperando, esperando". Desde el principio, decidió que no participaría en la deshumanización de sus prójimos en apuros. En su lugar, se entregaría a ellos.

Decidí entregarme: mi alma, mi tiempo, mis recursos, a todos los que vinieran a verme. Cada persona era Cristo: "En cuanto lo hicisteis a uno de estos más pequeños", dijo Jesús, "a mí lo hicisteis". Así que di instrucciones a mi familia: "Cuando alguien llame al timbre y pida verme, no vengas a decírmelo ni a describirlo: limpio o sucio, borracho o sobrio, blanco o negro. Solo dime: 'Hay alguien en la puerta que quiere verte'".[40]

Esa política no fue bien recibida por los profesionales con conciencia de clase, como profesores, médicos, empleados municipales, y otros, que constituían la mayoría de los miembros de El Defensor. A pesar de ello, continuó predicando y enseñando en El Defensor, así como en las iglesias blancas de la diócesis y de todo el país, esforzándose por persuadir a los episcopales de que la Iglesia existe precisamente para este tipo de testimonio sacrificado y profético. Aunque el número de personas en las bancas de El Defensor disminuyó precipitadamente los domingos por la mañana, el número de aquellos que participaban en los ministerios comunitarios y de servicio social aumentó.[41] Washington lo interpretó como una señal de que estaban en el camino correcto.

Los líderes negros de Filadelfia empezaron a confiar cada vez más en Washington, a pesar de que era un hombre institucional. El líder estudiantil John Churchville utilizaba El Defensor como base para llegar a las bandas. Un día, sugirió que El Defensor organizara una concentración por la unidad de los negros. Al principio, Washington se encogió de hombros: ¿qué interés tenía la iglesia en suscitar semejante controversia? En su autobiografía, Washington recuerda cómo Churchville le llamó la atención:

Me dijo: "Usted es un episcopal. Es una iglesia que representa a la clase dirigente blanca y al racismo en su forma más sofisticada y despiadada. Vas a tener que tomar una decisión, luchar por la liberación de nuestro pueblo y quizá te echen de esta iglesia, o puede que llegues a un punto en el que tengas que irte".[42]

Washington respondió en voz baja: "Voy hasta el final". Y así lo hizo, aprovechando sus relaciones en la iglesia y en la ciudad de Filadelfia, actuando como intermediario entre la calle y la institución, y viceversa.

El Defensor fue el anfitrión de esa concentración por la unidad de los negros. Cuando los líderes nacionales del Black Power le pidieron que actuara como anfitrión en 1968 de una reunión de ocho mil personas centrada en la conciencia y la autodeterminación negras, lo hizo. Cuando los Panteras Negras propusieron Filadelfia como sede de su Convención Constitucional Popular Revolucionaria en 1970, se sumó. Cuando Barry Hogan quiso organizar un encuentro por la paz para las bandas callejeras enfrentadas de Filadelfia, le dijo a Washington: "Este es el único lugar donde podemos reunirnos".[43]

Y cuando la Iglesia discernió que una de los suyos, una brillante líder blanca llamada Sue Hiatt, tenía vocación sacerdotal, Washington dijo que sí. Frente a las prohibiciones contra la ordenación de mujeres, sabiendo que podría costarle el sacerdocio, actuó como partidario, oyente, planificador y coestratega. "En aquel momento sólo sabía una cosa: un sacerdote negro de una parroquia asistida había desobedecido a su obispo, al obispo presidente y a la Convención General en una acción que se transmitió al mundo. Estaba metido en un lío... Fue realmente el momento más difícil y quizá el más solitario de mi vida".[44] Pero siguió adelante, porque también comprendió que la desobediencia civil de los años sesenta les había preparado para este acto de desobediencia eclesiástica.[45]

El 29 de julio de 1976, festividad de las Santas María y Marta, Washington y El Defensor hicieron historia episcopal al acoger las ordenaciones sacerdotales irregulares de un grupo de mujeres conocidas como las Once de Filadelfia. Tres obispos jubilados llevaron a cabo la ordenación. Las críticas arreciaron. Y la Iglesia dio un paso más hacia el reino de Dios.

Reflexionando sobre las ordenaciones durante una celebración del décimo aniversario, Washington dijo: "Hoy, con mujeres imponiendo sus manos sobre mi cabeza, me siento plenamente ordenado", expresó en una ocasión. "Hoy, fue como si descubriera algo que no tenía, pero no sabía que me faltaba, y eso me hizo completo."[46] Ese sueño de plenitud ha impulsado a personas de todas las épocas a ir más allá del egocentrismo, más allá del grupo y más allá del imperio, para unir sus vidas al sueño de Dios. Hoy tenemos la misma opción.

⁓

Todavía me los imagino: a la mujer con los trozos de alabastro agrietados en sus manos empapadas de aceite, y a Jesús, lleno de luz de resurrección, pero también con las cicatrices. Ahora tienen compañía. Veo a John Jay II, Vida Scudder, Jonathan Daniels, Paul Washington, y toda una nube de testigos: personas fieles que se arriesgaron y perdieron ante los ojos del mundo, pero que lograron vislumbrar la comunidad amada de Dios. Ellos pueden enseñarnos ahora, si estamos dispuestos a escuchar y si anhelamos más una comunidad que la paz, el decoro y la seguridad. Ellos susurran y llaman.

Ahora es el momento. Que se rompa. Déjalo ir.

# 6

# Perder tu vida—Kénosis

*De cierto, de cierto les digo que a menos que el*
*grano de trigo caiga en la tierra y muera, queda*
*solo, pero si muere lleva mucho fruto.*
—Jesús en Juan 12:24, RVA-2015

¿Cómo actúas cuando surgen grietas y la verdad se filtra a través de ellas? ¿Qué haces cuando puedes ver lo que realmente late en el corazón de tu nación, de tu iglesia, de ti mismo/a? Aquellos que han seguido a Jesús antes que nosotros se han planteado estas mismas preguntas, han luchado, han trazado un camino hacia la esperanza y han avanzado hacia la comunidad amada y el auténtico discipulado. Ahora estamos en nuestro propio punto de inflexión. ¿Qué *debemos* hacer?

Una y otra vez, en todos los evangelios, y en ocasiones, varias veces en un mismo evangelio, Jesús ofrece una pauta sencilla para sus discípulos que viven en tiempos de grietas como estos. En Mateo 10:39, dice: "El que halla su vida la perderá".[1] Marcos 8:35 incluye un giro: "Porque el que quiera salvar su vida la perderá; pero el que pierda su vida por causa de mí y *del evangelio*, la salvará" (énfasis mío). Otra versión de este mensaje aparece también en Mateo 16:25, Lucas 9:24 y 17:33, y Juan 12:25. ¿Qué nos está diciendo Jesús?

1.  *Perder tu vida - Kénosis*: Como personas cristianas, comunidades de fe e instituciones, podemos practicar la kénosis y soltar nuestro control sobre falsas narrativas, privilegios y estructuras egocéntricas construidas para servir al imperio, a la supremacía blanca y al orden establecido. Dejemos que lo que debe morir, muera, para que pueda nacer la nueva creación de Dios. Permitamos que se formen grietas, que se quiebre la vasija, para que el aceite pueda finalmente fluir libremente.

2.  *Abrazar la verdadera vida: Solidaridad*: Al habernos abierto y vaciado, practicamos la solidaridad. Mueve tu cuerpo, tus recursos, tu poder y tu corazón hacia aquellos que sufren y con quienes Jesús ya está. Es en ese momento cuando obtienes una vida abundante, porque es entonces cuando empiezas a experimentar la vida conformada por los principios de Jesús.

3.  *Andar en el amor - Discipulado*: En nuestra vida cotidiana, seguimos la senda de amor trazada por Jesús. Comprometidos con conductas y relaciones que nutren en lugar de dominar, y compartiendo en lugar de acaparar. Mientras que el camino egocéntrico del imperio premia el sí mismo y el grupo por encima de todo, explotando y controlando a otros para la prosperidad y la paz de quienes están en el centro, el camino del amor es su antítesis. De esta manera, dirigimos constantemente nuestra atención hacia Dios, aprendemos de Jesús, oramos y adoramos manteniendo a Dios en el centro. Ofrecemos nuestras vidas como una bendición, cruzamos fronteras para formar una comunidad amada y descansamos juntos en la gracia de Dios.

El camino de Jesús, caracterizado por el amor sanador y la comunión, no es simplemente un sueño. Es sorprendentemente real y está siempre al alcance. En este capítulo, profundizaremos en lo que implica seguir a Jesús, comenzando por renunciar a tu propia vida.

## Dejarlo morir

En el verano de 2020, la pérdida de vidas se hacía sentir en todos lados. Los cuerpos de las víctimas de COVID-19 se apilaban en fosas cavadas de manera apresurada. Tiendas, negocios y escuelas cerraron sus puertas, algunas para no volver a abrir nunca más. George Floyd, Breonna Taylor, Ahmaud Arbery y Elijah McClain habían fallecido. Los manifestantes, entre los que me incluía, arriesgaron sus vidas para salir a las calles. Estatuas cayeron. Iglesias fueron deshonradas. La superpotencia que aún quedaba en el mundo no logró superar la crisis. La narrativa de la interrupción, el descentramiento, el declive y la muerte se convirtió en nuestra historia común.

En medio de todo esto, participé en una llamada con dos queridas hermanas-amigas, Kelly Brown Douglas y Winnie Varghese. Las tres compartimos la vivencia de ser mujeres del clero de color liderando en el corazón de la iglesia del imperio: Kelly como decana de la Episcopal Divinity School y teóloga canónica en la Catedral Nacional de Washington, Winnie como sacerdote para la coordinación de programas y ministerios en Trinity Wall Street, y yo como canóniga del obispo presidente. Winnie compartió con nosotras estos reflexivos pensamientos, que les presento aquí con su autorización:

> Sigo escuchando a Jesús decir: "De cierto, de cierto les digo que a menos que el grano de trigo caiga en la tierra y muera, queda solo, pero si muere lleva mucho fruto." Me hace pensar:
>
> > Dejemos morir
> > los legados de genocidio y esclavitud que han dado forma a
> > Estados Unidos, a través de las falsedades de la conquista,
> > las mentiras de los peregrinos y la supremacía blanca,

Dejemos morir
la exclusión social, el racismo sistemático, la encarcelación
masiva y... de este oscuro y putrefacto final, lleno de
oportunidades malogradas, liberemos la nación que puede
renacer.

Dejamos que la sabiduría de Winnie resonara y reverberara
profundamente. Sí, la muerte estaba en todas partes, demasiada de
ella injusta, evitable y equivocada. Pero en medio de una agitación y
un trastorno sin precedentes, ¿podrían también extinguirse algunas
cosas que necesitaban hacerlo?

Era más que necesario que el modo egocéntrico y pecaminoso
del imperio y la dominación se tambaleara y colapsara, arrastrando
consigo la supremacía blanca, la misoginia, el heterosexismo,
el clasismo, el elitismo, el etnocentrismo y todos los sistemas
interconectados y bien elaborados que aseguran derechos, recursos
y orden para tan pocos, en detrimento de tantos. Nuestra iglesia
había apadrinado estos sistemas, respaldándolos y fortaleciéndolos
cada vez que surgían grietas. En esta ocasión, todos podíamos
decidir unirnos a Dios y ampliar las grietas y fisuras, permitiendo
que la verdad emergiera plenamente y que la realidad experimentara
cambios radicales.

Pero ¿cómo? Claro, debemos mirar a modelos como los del último
capítulo y reflexionar sobre cómo esos devotos creyentes rompieron
la vasija y dejaron caer las piezas para que fluyera el aceite curativo.
Permitieron que Dios quebrara sus propias vidas, y en el caso de
Daniels, incluso perdió la suya, todo por amor.

¿Cómo podemos trascender las meras palabras y testimonios, y
acoger en nuestras propias vidas y comunidades de fe los trastornos
y el declive que presagian la irrupción del Reino de Dios? ¿Cómo
permitimos que se manifieste?

## La Kénosis explorada

Esto nos lleva nuevamente a la noción teológica que exploramos en el capítulo 2, titulado "Nueva esperanza para la Comunidad Amada". La palabra clave es *kénosis* y aborda el acto de vaciarse a uno mismo, el cual, en última instancia, aquellos que se benefician de sistemas privilegiados y las personas que los respaldan, deben adoptar en sus propias vidas. Este misterio podría considerarse como uno de los más profundos en el cristianismo o en cualquier otra tradición espiritual, por lo tanto, me gustaría investigarlo más a fondo en este momento. El pasaje que encapsula mejor la esencia de la kénosis es Filipenses 2:5-9. Se le conoce como el "himno kenótico" debido a que parece ser un canto primitivo que precede a los evangelios y a las cartas de Pablo. Imaginemos a los primeros cristianos entonando este himno para enseñarse mutuamente acerca de Jesús, mucho antes de que alguien pusiera una sola palabra por escrito:

Haya en ustedes esta manera de pensar
que hubo también en Cristo Jesús:

Existiendo en forma de Dios,
él no consideró el ser igual a Dios
como algo a que aferrarse;
sino que se despojó a sí mismo,
tomando forma de siervo,
haciéndose semejante a los hombres;

y, hallándose en condición de hombre,
se humilló a sí mismo
haciéndose obediente hasta la muerte,
¡y muerte de cruz!

Por lo cual, también Dios
lo exaltó hasta lo sumo

y le otorgó el nombre
que es sobre todo nombre;

La vida de Jesús en la tierra fue un camino completamente kenótico y descendente. A pesar de tener el privilegio de la divinidad, lo que le permitiría permanecer apartado de la humanidad, Jesús renunció a la superioridad y a la separación. Optó por hacerse completamente humano y divino, extendiendo su propia existencia para acogernos en la vida que compartía con el Padre y el Espíritu.

Una vez que abrazó la humanidad, Jesús podría haber sido un príncipe entronizado, ostentando poder, riquezas y todo tipo de privilegios. En cambio, lo rechazó. Lo dejó ir y se unió a nosotros como un niño judío pobre y vulnerable en la apartada aldea de Nazaret, padeciendo bajo el dominio imperial romano. En lugar de esforzarse por elevarse, se relacionó con indeseables, se enfrentó una y otra vez a las autoridades religiosas y civiles, y mantuvo viva la imagen del amor y el *shalom* que recibió de su Padre Dios. Con plena conciencia, optó por un camino de sufrimiento, humillación, desolación y, finalmente, la muerte en una cruz. Como respuesta, Dios lo elevó y lo revistió de gloria.

Nada de esto fue un accidente o una coincidencia. Jesús se presentó de la manera y en el lugar que lo hizo porque Dios buscaba que finalmente comprendiéramos la verdad: Dios no es un monarca celestial que dirige un imperio; Dios es el amor que se entrega en aras de más amor. Jesús solo podía comunicar este punto al situarse fuera de las estructuras de poder, invitando a sus discípulos a unirse a él y descubrir una nueva vida en los márgenes.

Ese es el camino que abrió para sus seguidores. En Lucas 10, instruye a los setenta a aventurarse en el mundo con las manos vacías y vulnerables, de manera similar a cómo él se acercó a la cruz. Dwight Zscheile sugiere que Jesús pretendía que "practicaran la dependencia de la hospitalidad del prójimo, como Israel dependía de la hospitalidad de Dios en el desierto. No debían ir como aquellos que están en control."[2] Aquellos que abrazan la kénosis y la vida en forma de cruz constantemente practican ceder el control a Dios y permiten que el anhelo más profundo de Dios se convierta en el nuestro.

Desearía que los cristianos y las iglesias pudieran asimilar plenamente la dedicación total de Jesús al camino kenótico. Esto nos facilitaría apartarnos del imperio y la dominación, acercándonos más al amor. La senda kenótica implica renunciar a algo de nosotros mismos, ya sea algún privilegio o una parte de nuestro ego, para dar más espacio a Dios y, en última instancia, para honrar, amar y sacrificarnos por el Dios que reconocemos en los demás y en toda la creación. Este enfoque ayudaría a las iglesias a aceptar nuestro estado abierto, incierto y descentrado, y a renunciar a una parte de la vida institucional para ganar una vida más plena con Dios.

## Qué no es la Kénosis

Permítanme aclarar un punto antes de seguir adelante: no todos los sacrificios y sufrimientos son kenóticos o redentores. Algunos sufrimientos, especialmente el dolor que otros infligen sin tu elección, están mal, y los seguidores de Jesús deben trabajar de todo corazón para prevenirlos y aliviarlos.

Algunos grupos han soportado a lo largo de la historia una carga injusta y se han sacrificado en aras del bien común, y no estoy dispuesta a etiquetar estas experiencias como redentoras o kenóticas. Por ejemplo, las mujeres negras, latinas y asiáticas hemos sido las sirvientas sufrientes de Estados Unidos durante siglos, sacrificando nuestra salud y nuestras propias familias para cuidar a los niños blancos y mantener limpios los hogares e instituciones de los blancos. De manera similar, los campos y las fábricas estadounidenses solo han funcionado gracias a los inmigrantes que dan su vida en la sombra, incluso cuando los líderes de la nación posan y conspiran para expulsarlos. Además, reflexionemos sobre el mal infligido a los pueblos indígenas, a quienes los colonizadores británicos y estadounidenses despojaron de sus tierras, tradiciones, lenguas, hijos y vidas, esencialmente haciendo desaparecer sus identidades. *Estos sacrificios no pueden ser considerados kénosis.* Cuando alguien te obliga a sufrir o intentas apaciguar las ansias de un Dios castigador y sanguinario, eso no es kénosis. A lo largo de milenios, los penitentes se han flagelado brutalmente o han crucificado a otros porque creían que Dios exigía ese tipo de sacrificio. Gracias al Dios de la liberación, no necesitamos equilibrar alguna balanza cósmica en la mano de Dios: dolor por dolor, una muerte por otra. Dios no anhela sacrificios de esa naturaleza. El salmista y el profeta Isaías aclaran juntos lo que Dios verdaderamente desea:

> Dios, ábreme los labios
> y mi boca cantará tu alabanza.
> No te deleitan las ofrendas sangrientas;
> si te agradaran, te las haría. (Salmo 51:16–17)

> ¿No consiste, más bien, el ayuno que yo escogí, en desatar las ligaduras de impiedad, en soltar las ataduras del yugo, en dejar libres a los quebrantados y en romper todo yugo? ¿No consiste en compartir tu pan con el hambriento y en llevar a tu casa a los pobres sin hogar? ¿No consiste en cubrir a tu prójimo cuando lo veas desnudo, y en no esconderte de quien es tu propia carne? (Isaías 58:6–7)

Este ayuno, este acto de renuncia, esta entrega impulsada por el amor, eso es la kénosis. Cuando decides soltar algo que posees—ya sea tu pan y tu poder, tus habilidades e identidades, tu comodidad y control, tus estructuras preciadas e incluso tu propia vida—y desprendes tu apego para ponerlo al servicio del movimiento de Dios, estás practicando la kénosis. Fue lo que Vida Scudder llevó a cabo al renunciar al privilegio de clase, al vivir entre mujeres y niños pobres, y al salir a la calle a su lado para luchar por la justicia. John Jay II lo hizo cada vez que subió al estrado y soportó el desprecio de sus compañeros para proclamar la verdad de Dios sobre la esclavitud. Paul

Washington la abrazó al arriesgar su propia vocación para obtener el sacerdocio para las mujeres e impulsar a la Iglesia a convertirse en la comunidad de amor de Dios.

En Jesús, Dios nos muestra cómo ser vulnerables, humildes y generosos. En él, vemos a alguien que no huyó de las cosas que le rompían el corazón, ni calculó primero lo que podía ganar de una situación. Jesús buscó, en cambio, entregar su vida para que él y los demás pudieran florecer según la voluntad de Dios. Y antes de que digas: "Bueno, él era Dios; claro que lo hizo. ¿Qué tiene que ver eso con nosotros?" observa cómo Jesús lo hizo. En el primer capítulo de Marcos, Jesús sale de Nazaret para ser bautizado por Juan en el río Jordán. Justo cuando Jesús sale de las aguas, los cielos se abren y el Espíritu Santo desciende sobre él como una paloma. "Y vino una voz desde el cielo: 'Tú eres mi Hijo amado; en ti tengo complacencia'" (Marcos 1:10-11). Todo lo que sigue está impulsado por el Espíritu y por el amor de Dios.

El mismo Espíritu que Jesús recibió ahora reposa sobre cualquiera que lo siga. Dios nos invita a una alianza, donde por decisión propia y con el poder del Espíritu podemos permitir que nuestros corazones se rompan, y luego tomar los pedazos—nuestras vidas, nuestros bienes, nuestro amor y nuestros privilegios—y compartirlo todo como un pan eucarístico.

Es cierto que es una forma de ser muy poco estadounidense. Pensemos en las frases que conforman nuestra identidad nacional. Afirmamos nuestro "derecho" a "la vida, la libertad y la búsqueda de la felicidad", lo que significa que somos libres, e incluso se espera de nosotros, de organizar nuestras vidas en torno a nuestros propios deseos individuales. Gran parte de nuestra historia estadounidense consiste en grupos de personas que se protegen a sí mismos y a lo que es suyo, con un arma o una bandera o el manto del privilegio racial, de clase o de género.

La historia de Jesús es exactamente lo contrario. En este momento, cuando nos enfrentamos a los límites y las consecuencias del egocentrismo, los sistemas de dominación y la capitulación de la Iglesia ante el imperio, podríamos inclinarnos hacia el camino de Jesús. Podríamos reclamar la kénosis, o quizás reclamarla por primera vez.

## Seguir a Jesús, tomar la cruz

El abrazo de Jesús a la plena humanidad y divinidad fue la definición de kénosis. Podía haber obrado milagros que le aseguraran fama y amigos poderosos; en lugar de eso, instó a los que curaba: "No digáis a nadie que he hecho esto". En sus últimos días, cuando las autoridades se acercaban, Jesús podría haberse largado de Jerusalén o, al menos, haber pasado desapercibido. Podía haber pedido a Dios que le evitara el sufrimiento que sabía que le esperaba. Jesús reconoció su miedo real, miró a la muerte a la cara y siguió avanzando hacia ella.

¿Quién lo hace? Yo no, y tampoco la inmensa mayoría de los seres humanos, cristianos o no. La sacerdote episcopal y contemplativa Cynthia Bourgeault reflexiona sobre los límites de nuestra capacidad humana para la kénosis. "Podemos ser magnánimos", admite, "podemos ser amables, podemos ser muy espirituales, hasta el momento en que nos jugamos el pellejo y entonces ¡zas! Hay que retroceder rápido". Jesús ofrece una opción diferente, la opción kenótica y de entrega. En el momento de la verdad, dice Bourgeault, "no te apartas del amor por miedo a tu propia vida... porque el amor se convierte en el principio más fuerte".[3]

¿Y si creyéramos y viviéramos como si el amor fuera más fuerte que la muerte, como si dar la vida por los demás restaurara y aumentara la vida de los demás? ¿Y si permitiéramos que el Espíritu Santo hiciera posible un grado de amor y vaciamiento que nosotros, bajo nuestro propio poder individual, no podríamos alcanzar? ¿Y si confiáramos en la sabiduría de la tierra, que nos enseña que una semilla debe caer al suelo, abrirse y morir para dar fruto? En la vida, muerte y resurrección de Jesús, Dios busca demostrarnos que la sabiduría kenótica, contracultural y contraintuitiva, que desafía nuestras perspectivas, es auténtica.

La autoentrega y amor kenótico de Jesús se hacen dolorosa e impactantemente reales en la cruz. Dudo que haya alguna parte de la historia de Jesús o de toda la tradición cristiana que se preste más a malentendidos y malas interpretaciones que la cruz. Sus seguidores estaban indeciblemente confundidos al presenciar la tragedia y la humillación de su muerte. Excepto las mujeres que permanecieron al pie de la cruz, el resto de sus discípulos apartó la mirada de aquel espectáculo vergonzoso. Hoy, no estamos mucho más dispuestos a aceptarlo.

Andrew Root explora nuestra ambivalencia ante la cruz y la idea de kénosis en su libro *Faith Formation in a Secular Age* [Formación en la fe en una era secular]. Según Root, incluso el apóstol Pablo luchó por comprender este profundo misterio. "Pablo había imaginado que la cruz era la pistola humeante que eliminaba a Jesús de Nazaret de la consideración mesiánica",[4] afirma Root. Sin duda, un Dios que fracasó tan espectacular y públicamente quedaría descalificado de la divinidad. ¿Cómo podía Jesús ser un salvador si ni siquiera podía o quería salvarse a sí mismo?

Con el tiempo, Pablo aprendió que la entrega de Jesús, especialmente en la cruz, no era una desviación de la divinidad. En todo caso, explica Root, ilustraba la verdadera naturaleza de la divinidad. "Pablo ve que la cruz no es la discontinuidad inevitable entre el ser de Dios y el de Jesús. Más bien, la kénosis es la forma misma del ser de Dios... La cruz no significa la anulación de la elección de Jesús, ni el fin de su elección, sino su segura legitimación".[5] Dios entrega su vida por amor. Cuando Jesús hace lo mismo, no se limita a sucumbir a la voluntad de Dios. Revela la naturaleza misma de Dios.

Jesús se refería a esto cuando dijo: "Los que quieran salvar su vida, la perderán, y los que pierdan su vida por mí y por el Evangelio, la salvarán". En otras palabras, al renunciar a aferrarte a tu supervivencia y prosperidad individuales y compartir todo tu ser por amor, serás acogido en la vida de Dios.

¿Significa esto que cada cristiano/a debe encontrar un instrumento de tortura en el cual poder sufrir para hacer algo dramático? En absoluto. Seguir a Jesús de una manera kenótica no tiene como resultado el engrandecimiento propio, resaltando lo que "yo" haré por "ellos". La vida en forma de cruz pasa de la liberación y la renuncia al florecimiento y la comunidad amada que son las promesas del evangelio.

## La Kénosis en la vida real

Entonces, ¿qué hace falta para que adoptemos la apertura, la grieta que se abre, el desprendimiento y la entrega, como individuos y también en las comunidades y sistemas que construimos y alimentamos? El budismo y el cristianismo coinciden aquí en la misma enseñanza: la práctica del no-apego.

Cuando Jesús resucitado saludó a María en el sepulcro, ella extendió la mano para sujetarlo y retenerlo con ella. Él negó con la cabeza. "Suéltame", le dijo. "ve a mis hermanos y diles: 'Yo subo a mi Padre y Padre de ustedes, a mi Dios y Dios de ustedes'" (Juan 20:17). Si ella se hubiera aferrado a él, él no podría ascender. Y si no hubiera ascendido, la vida que Dios tiene para Jesús y que ofrece a todos los seres humanos no sería posible. Él había soltado su vida. Ella también tenía que soltarla.

Una de mis prácticas sabias favoritas sobre este tema proviene de Pema Chödrön, una maestra estadounidense de budismo tibetano. Ella habla frecuentemente sobre el *shenpa*, una palabra tibetana que a menudo se traduce como "apego", pero que ella prefiere definir como "enganche".[6] Chödrön sostiene que todos nos hemos encontrado en situaciones inciertas en las que sentimos una inseguridad subyacente y tenemos que agarrarnos a algo.[7] Aferrarse y engancharse a los recursos, al orden establecido, a las narrativas, a las personas, a los privilegios y a la vida misma es el impulso que subyace a toda agresión, ansia, conflicto, crueldad, opresión y codicia humanas. El camino no consiste en desprenderse, dejar de preocuparse o salir del mundo. Por el contrario, debemos aprender a experimentar la vida plenamente sin aferrarnos a ella ni engancharnos, sin *shenpa*.

Regresemos a Cynthia Bourgeault para obtener ayuda en este aspecto. A través de la oración centrada, una forma contemplativa de oración en la que te quedas en silencio con Dios y utilizas una sola palabra, frase o tu respiración para permanecer literalmente centrado, ella ha aprendido a dejar ir los pensamientos y las interrupciones a medida que llegan. No los intimidas ni luchas contra ellos. Te fijas en los pensamientos, les haces un gesto con la cabeza, tal vez incluso sientas curiosidad por saber por qué surgen en ese momento, y luego los dejas pasar como nubes que se mueven por el cielo. Esta práctica se traslada sin problemas a la vida cotidiana, como demuestra Bourgeault:

Reconoce cuándo estás atascado en una posición de insistir, aferrarte, identificarte, o poner tu necesidad o voluntad en contra de una situación. Y es simplemente cuestión de soltar. Ni siquiera significa renunciar, como apartarse; está mucho más cerca de lo que la gente de Alcohólicos Anónimos llama "estar dispuesto a que te lo quiten". Así que es ir por la vida, situacionalmente, con una actitud no posesiva.[8]

La primera comunidad de seguidores de Jesús cultivó esta postura de no aferramiento. En el primer Concilio de Jerusalén, cuando los líderes de la Iglesia discutían si los nuevos cristianos debían circuncidarse, se esperaba que Pedro y su cohorte exigieran el cumplimiento de la ley. Sin embargo, Dios actuó en su corazón a través de una serie de sueños. Pedro llegó a la reunión con una nueva visión: "Ahora comprendo que Dios no hace acepción de personas, sino que todo el que le teme y hace lo que es justo le es grato en cualquier nación" (Hechos 10:34-35).

Pedro había caído en la tentación de cerrar las fronteras del cristianismo y acaparar la relación especial de su grupo con Dios. Aprendió la amplitud del amor y la misericordia de Dios, lo que le permitió abrazar un futuro que él y estos nuevos seguidores gentiles de Jesús podrían forjar juntos.

## Una grieta que se abre en la conciencia

Cualquiera de nosotros puede cultivar esta capacidad de vaciarse de sí mismo y de no apegarse y extenderla a nuestras comunidades de fe e instituciones. El primer paso importante puede ser abrir la conciencia. Hoy en día, la gente llama a esto el proceso de "despertar". El maestro de la liberación brasileño Paolo Freire tenía otro nombre para ello: *concientização*. Es la palabra portuguesa para "concienciación", o el desarrollo de la conciencia crítica. Freire esbozó el concepto en su clásico de 1970 *Pedagogía del oprimido*, un texto sobre aprender de los pobres y caminar con ellos a medida que tanto ellos como el opresor se liberan. Freire observó y facilitó el proceso de concientización, y se deleitó al ver a la gente "emerger de su estado de inmersión y adquirir la capacidad de *intervenir* en la realidad tal como se presenta".[9]

¿Cómo es ese viaje? Comenzamos con un tipo de conciencia, llamémosla acrítica. Las cosas ocurren y no vemos los patrones o las razones que operan en el fondo. Por ejemplo...

- ¿Cómo es posible que, a la edad de dieciocho años, ganara más dinero por hora haciendo pasantías en un periódico local que mi madre, quien dedicó una década a ser asistente de un alto ejecutivo universitario? Una perspectiva acrítica sugeriría que mi trabajo simplemente tenía un valor superior.

- ¿Por qué la policía sigue disparando a negros desarmados? La respuesta acrítica podría ser que estas personas deben cometer más delitos.

- ¿Por qué nuestras iglesias están experimentando una disminución en la asistencia? Algunos podrían argumentar desde una perspectiva acrítica que la gente ya no se preocupa por Dios.

- ¿Por qué no hay más personas de color o jóvenes asistiendo a nuestra iglesia? Una respuesta acrítica podría sugerir que simplemente tienen preferencias diferentes.

La vida está llena de estos dilemas. Los sistemas de dominación, imperio y orden establecido dependen de que no nos hagamos más preguntas, no establezcamos más conexiones ni nos preocupemos por las realidades de los demás. Pero *puede* llegar el día en que "algo rompa la complacencia, y el Espíritu entre en esa brecha para llamar nuestra atención sobre el hecho de que no todo es como debería ser".[10] En otras palabras, hay una grieta en el muro de la conciencia acrítica. Entonces, la *concientização* es posible.

La líder en atención pastoral y antirracismo Tammerie Day esboza cuatro pasos en este proceso de crecimiento de la conciencia crítica, o de perder la vida:

1. Atender a la realidad.
2. Permitirnos sentir.
3. Descubrir alternativas.
4. Realizar un análisis crítico.

Puedes profundizar en estos pasos consultando la *Guía de reflexión y acción*, sin embargo, vamos a examinarlos de manera concisa en este momento...

## Paso 1: Atender a la realidad

En esta fase inicial, una información o experiencia penetra y presenta una contradicción con nuestra comprensión previa de la realidad. Puede desarrollarse con el tiempo o surgir de manera sorprendente, como cuando el mundo presenció al agente Derek Chauvin presionando su rodilla sobre el cuello de George Floyd hasta causarle la muerte. Algunas personas se aferran a su percepción original y cerrada de la realidad, principalmente por el temor de que cualquier fisura pueda marcar el comienzo de la pérdida real de sus vidas o de la vida tal como la han conocido. La gente hará casi cualquier cosa para evitar experimentar esa pérdida, incluso cerrarse a la información que podría agrietar su caparazón. H. A. Goodman lo explica de la siguiente manera:

> Si me coloco por completo en la piel de Trayvon Martin o Michael Brown, o incluso en la piel de un hombre negro al que se le niega la oportunidad de subir a un taxi, debo aceptar la realidad de que mi mundo y mi América no son el mundo ni la América de ellos... Para muchos ciudadanos [blancos], . . . esa empatía llevaría a cuestionar el statu quo, y hacerlo podría significar también enfrentarse a la perspectiva de que nuestra nación es menos excepcional.[11]

La gente luchará por defender una identidad o una historia concreta, ya sea personal o nacional, porque su vida depende de ello.

Jesús comprendió esta lucha y habló directamente al miedo de sus discípulos cuando dijo: "Aún tengo muchas cosas que deciros, pero ahora no las podéis sobrellevar. Pero cuando venga el Espíritu de verdad, él os guiará a toda la verdad, porque no hablará por su propia cuenta, sino que hablará todo lo que oiga y os hará saber las cosas que habrán de venir" (Juan 16:12-13). Este proceso de revelar la verdad lleva tiempo, pero las mentiras y verdades parciales que sostienen los sistemas de opresión y egocentrismo no pueden perdurar indefinidamente. Con el tiempo, sostenidos por la gracia y el amor permanente de Dios, podremos prestar atención a lo que es real. Lee los libros. Escucha las historias. Mira otros programas de noticias. Haz preguntas. Deja que se formen grietas.

### Paso 2: Permitirnos sentir

En un mundo al borde del colapso, ¿quién no querría desconectarse y no sentir? Pero no sentir también tiene un costo. Imagina que tu casa está ardiendo, pero te dices a ti mismo/a que no hace calor. Eso no evitará que la casa se queme, pero puede impedir que consigas la ayuda que necesitas a tiempo para cambiar las cosas.

Permitirse sentir es un paso hacia la vida plena y verdadera. También te abre a una avalancha de emociones difíciles, como advierte Goodman:

> Con empatía viene la responsabilidad y la autorreflexión, a veces acompañadas de culpa, con frecuencia de ira y casi siempre cierta cantidad de arrepentimiento... Luego está la cuestión de simplemente sobrevivir a la vida cotidiana sin la carga de pensar en el dolor de otro estadounidense; especialmente si, como muchos estadounidenses, luchas simplemente por mantener tu matrimonio intacto, o a tus hijos en la universidad, o simplemente por vivir otro día.[12]

Cada vez estoy más convencida de que muchos partidarios de sistemas opresivos y dominantes actúan desde una profunda necesidad de no sentir. Quizá les han enseñado toda la vida a apartar las emociones y ahora tienen miedo de que, si una les atraviesa, el resto les supere. Puede parecer mejor evitar las emociones negativas—y las verdades asociadas a ellas—antes de que interfieran y perturben tu vida para siempre.

Esa no es la única opción. Sam Osherson, profesor de psicología y terapeuta, ha guiado a personas a través del proceso de abrirse.[13] Debajo de muchas de las respuestas reactivas blancas en torno a la raza, donde las personas informan sentirse enfadadas, culpables, temerosas, insensibles, abrumadas, él detecta un profundo pozo de dolor. Su labor consiste en ayudar a las personas a trabajar con ese dolor. Osherson explica que "el duelo requiere resistencia y valentía", ya que implica reconocer lo que se ha perdido (esos relatos preciados y falsas creencias) y tejer un sentido de uno mismo en un mundo cambiado.[14]

Sé que la idea de crear un espacio de duelo para personas e instituciones privilegiadas puede parecerse a mimar y arrullar la fragilidad del opresor. Sin embargo, no tiene por qué ser así. Si el objetivo es unirse a Dios en la remodelación de la iglesia como una comunidad amada, entonces una masa crítica de personas con poder tendrá que dejar de negar la realidad y reconocer cómo la opresión y el imperio también han comprometido su humanidad. Doy la bienvenida a ese movimiento.

## Paso 3: Descubrir alternativas

Una vez que eres capaz de sentir y el dolor te sacude, pero no te destruye, la puerta de la realidad puede abrirse por completo. Cuando ya no tienes miedo de sentir cómo se abre la grieta, puedes mirar directamente al cambio o a la pérdida que se avecinan. En lugar de estar a la defensiva, puedes volverte curioso.

La curiosidad es el superpoder secreto de las personas resistentes y flexibles. Te permite preguntarte por qué esa persona cree lo que cree, o por qué a ti te enseñaron ciertas narrativas que ahora estás empezando a reconocer como falsas. Ante una situación en la que tienes que desprenderte de algún recurso, narrativa, privilegio o elemento de la realidad, las personas curiosas pueden cuestionarse: "Si renuncio a esta forma de entender la realidad, ¿quizá se me abra otra?". A medida que surgen historias y posibilidades, se puede seguir avanzando en lugar de volver corriendo al viejo paradigma o, literalmente, al interior del edificio de la iglesia.

Jesús planteó constantemente a la gente preguntas inquisitivas, invitaciones a la curiosidad, e imágenes de una comunidad de amor alternativa, conformada por Dios. Podemos ayudarnos mutuamente a cultivar esa santa curiosidad e imaginar también nuevas formas de ser. Tammerie Day expone que la clave es "descubrir alternativas": el mundo no es como siempre pensaste, podría ser algo diferente, y tú puedes vislumbrar qué podría ser ese algo.[15]

La verdad aquí adquiere un sentido intuitivo. Claro está, la gente no renunciará simplemente a sus privilegios y su poder, y ciertamente no abandonará las narrativas, instituciones y estructuras en las que basan sus vidas sin una alternativa convincente. Es por eso que tantos hombres se esfuerzan por construir identidades distintas a la "masculinidad tóxica". Agradezco a académicos blancos como Janet Helms[16] y al equipo responsable de Racial Equity Tools [Herramientas para la equidad racial][17], que ayudan a los blancos a imaginar formas honestas, saludables y antirracistas de vivir la identidad blanca. Puedes encontrar más información sobre su trabajo y enlaces a un recurso para "Desarrollar una identidad blanca positiva" en la *Guía de reflexión y acción* que acompaña a este libro.

Sé que algunas personas argumentarán que la identidad blanca positiva es un oxímoron. Sostienen que el blanco es el color del opresor y que no hay forma de ser blanco sin participar en el sistema de dominación que es la blanquitud. Sin embargo, mantengo la esperanza de que cuando las personas con privilegios descubren alternativas a la vida tal y como la han conocido, especialmente alternativas como la comunidad de amor que inauguró Jesús son más capaces de permitir que las estructuras construidas para la supremacía, la dominación y el imperio se resquebrajen y se unan para construir algo distinto.

### Paso 4: Realizar un análisis crítico

Si el paso 1 fue realmente ver la realidad, ahora es el momento de interrogarla. Considera preguntas como estas en la fase de análisis crítico del viaje:[18]

- ¿Por qué las cosas son como son?
- ¿Por qué existe esta injusticia?
- ¿Quién se beneficia estructural y personalmente de esta injusticia?
- ¿Cuáles son los sistemas, las instituciones y las estructuras que operan en el fondo o por encima, más allá de mi vista, pero que configuran poderosamente la realidad?
- ¿Qué diría Jesús sobre esta situación?

Me gusta describir este proceso como "interrogatorio" porque a veces necesitamos confrontarnos sobre la forma en que investigamos nuestro mundo y hacernos responsables. Pregunta "¿Por qué?" y sigue preguntando hasta que veas lo que realmente está en juego, quién lo construyó, por qué lo construyó, quién se beneficia, quién sufre, y cómo se compara con el reino de Dios y contribuye a la comunidad amada de Dios.

El viaje no termina con las preguntas sobre el mundo, las instituciones y los sistemas que te rodean. En última instancia, como menciona Day, tú y tu comunidad deben reconocer su relación con estos sistemas, en lo que se conoce como *análisis de postura*.[19] En esta fase, tú y tu comunidad podrían preguntar:

- ¿Qué es lo que ya no podemos/debemos soportar?
- ¿Con quién estaré/estaremos? ¿A favor de qué estaré/estaremos?
- ¿Dónde ya no podemos/debemos estar?
- ¿Qué coste estamos dispuestos a asumir?

Este reconocimiento más profundo es el punto de partida para la acción, especialmente para aquellas instituciones que han estado completamente alineadas con los métodos del imperio y el control. Dada nuestra comprensión actual, considerando el camino recorrido y la dirección que percibimos que el Espíritu de Dios nos señala, ¿dónde nos posicionaremos?

No se trata de anotar respuestas detalladas en una hoja de cálculo, marcar una casilla, cerrar el libro y volver a la vida normal. Ni siquiera se trata de despertarse y ver las cosas de otra manera. Al interrogarte seriamente sobre la realidad y llegar a convicciones claras, estás discerniendo dónde y cómo Dios te llama a situarte y a moverte en el mundo. En última instancia, estás calibrando tu propia disposición a perder la vida por el Evangelio del amor.

# 7

# Ganar tu vida–Solidaridad

*Nadie es una isla por completo; cada persona es un pedazo del continente, una parte del todo. Si un terrón es arrastrado por el mar, toda Europa queda disminuida, como si fuera un promontorio, o la casa de uno de tus amigos, o la tuya propia. Por eso, la muerte de cualquiera me disminuye, porque estoy ligado a la Humanidad; y, por tanto, nunca preguntes por quién doblan las campanas. Doblan por ti.*

—John Donne, "Meditation 17"

Las lágrimas brotaron en mis ojos el día que recité esas palabras ante la clase de inglés de Rusha Sams en el Instituto Bearden de Knoxville, Tennessee. En ese momento, aún no estaba bautizada y no comprendía cabalmente la idea de Dios. Sabía que Donne era un poeta inglés del siglo XVII; nadie mencionó que también era un sacerdote anglicano que sirvió como deán de la Catedral de San Pablo en Londres (o si la señora Sams nos lo había dicho, no le presté atención en ese momento). Solo sabía que Donne había expresado con precisión una verdad que resonaba en mi ser: *estamos entrelazados*. Si bien creía que las campanas repican por la muerte o la pérdida de otro ser, si imaginaba que mis privilegios o mi distancia me protegían de su dolor, estaba equivocada. No puedes ganar tu vida mientras tu prójimo pierde la suya. Lo que lastima a una parte del cuerpo afecta al conjunto. A pesar de las afirmaciones seductoras del egocentrismo, yo conocía la verdad: *estamos unidos*.

Lo aprendí muy temprano. En la pequeña ciudad de Kentucky donde crecí, me tocó ser la chica flaca, estudiosa y de piel oscura, señalada por los blancos con el comentario: "Ella no es como el resto de 'ellos'". La experiencia de mi hermano Gary fue completamente diferente a la mía en todos los sentidos. Aunque solo tenía cinco años más que yo, era un joven negro con un diagnóstico tardío de dislexia y trastorno por déficit de atención con hiperactividad. Aunque gozaba de popularidad entre sus compañeros, sus profesores asumían lo peor cada vez que ingresaba a un aula. Los agentes de policía también seguían esta tendencia a medida que crecía.

No había dominado términos como "opresión", "racismo" o "elitismo", pero podía percibir fuerzas que se cernían sobre Gary, a las cuales yo no tenía que enfrentarme. Comprendí que debía tomar una decisión: podía optar por la seguridad y cuidar de mí misma, o permitir que la injusticia rompiera mi corazón, aprendiendo a oponerme a los sistemas que intentaban encadenar a mi hermano y a cualquier otra persona considerada inconveniente, no deseada o simplemente no blanca (incluyéndome a mí si no jugaba limpio). La primera vez que Gary llamó desde la comisaría, asustado y confundido porque no había hecho nada malo y todo sucedió muy deprisa: lo arrojaron al suelo, luego a la parte trasera del coche patrulla y finalmente a una celda, sentí que la injusticia rompía mi corazón de catorce años.

Volvió a suceder en la universidad. Durante mi primer año en la Universidad de Wake Forest, en Carolina del Norte, solo había un estudiante abiertamente homosexual en un campus con alrededor de tres mil quinientos universitarios. De alguna manera, a lo largo de cuatro años, Dios consideró oportuno que no solo uno, ni dos, sino tres de mis mejores amigos salieran del armario.

Nunca olvidaré la noche en que Keith entró en mi dormitorio y colocó una cinta de Diana Ross interpretando "I'm Coming Out". Me llevó un momento darme cuenta, pero cuando mis ojos se abrieron y su sonrisa pasó de titubeante a amplia, las lágrimas afloraron en mis ojos. Sentí esperanza. Experimenté curiosidad. Sobre todo, sentí miedo por él y me pregunté cómo podría amar y sobrevivir como joven negro y gay en el Sur. Él me dijo: "No necesito que tengas miedo. Si me amas, utiliza tu poder y quédate conmigo".

La declaración de Keith se entrelazó con la de John Donne: "Nunca preguntes por quién doblan las campanas. Doblan por ti". ¿Cómo podría alguien responder a tal llamado? Mis clases de religión me proporcionaron una pista: fue allí donde escuché por primera vez la palabra "solidaridad".

## De la Kénosis a la solidaridad

La *solidaridad* es el amor que trasciende las fronteras delineadas por el egocentrismo, adentrándose en la realidad del otro con la intención de forjar relaciones y luchas compartidas que nos reparen a todos y fomenten la amada comunidad de Dios.

La solidaridad es la voz que llega a comprender finalmente: "No somos iguales, pero una parte de ti habita en mí. Tu libertad y la mía han estado siempre inextricablemente entrelazadas. Ahora lo percibo, y a raíz de esta percepción, elijo vivir de una manera diferente. Caminaré junto a ti, por tu bien y por el mío".

Observo la solidaridad en el testimonio de Vida Scudder, quien comprendió que el Evangelio carecía de significado sin una conexión con los pobres. ¿Por qué? Porque, como señaló, "Los desheredados y los humildes fueron los primeros en profesar la fe, y las fórmulas de esa fe les pertenecen. Los prósperos son quienes la profesan ahora, y las fórmulas suenan extrañas en sus labios".[1]

La veo en Jonathan Daniels, que escribió a sus amigos del Norte que sentía, inexplicablemente, como si "mi corazón fuera negro".[2] Perdió su vida original y descubrió la plenitud de su propia humanidad al vincularse con los negros que padecía en Alabama. También he sido testigo de momentos de solidaridad en el testimonio de la Iglesia Episcopal junto a los hermanos y hermanas LGBTQ en los últimos cincuenta años, incluso ante demandas y la vergüenza a nivel mundial. He apreciado matices de ello en las historias del Programa Especial de la Convención General, la primera incursión de la Iglesia en reparaciones y en la relación recíproca con las comunidades negras en las décadas de los sesenta y setenta. Lo he presenciado en Standing Rock, donde los episcopales continúan acompañando a la Nación Sioux (muchos de los cuales son episcopales) para resistir los esfuerzos del gobierno y las empresas de construir un oleoducto que profanaría tierras sagradas. Y lo he visto en la frontera entre Estados Unidos y México, donde los episcopales se arriesgan a ser arrestados al adentrarse en el desierto para ofrecer un vaso de agua a personas que hoy encarnan el rostro de Jesús.

La kénosis y sus acciones de perder la vida, abrirse de par en par, abrazar las grietas y soltar el control son solo una parte de la ecuación. Dejamos ir una vida para abrazar una nueva, la vida del amado. Liberamos lo que atesorábamos para recibir continuos regalos de Dios. Con nuestros corazones abiertos y agrietados, finalmente creamos espacio suficiente para acoger las vidas y los corazones de los demás. Practicamos la kénosis como preparación para la solidaridad.

Los teólogos de la liberación latinoamericanos son algunos de los maestros más destacados en cuanto a solidaridad. En naciones donde el poder del catolicismo romano se entrelazó con las fuerzas del colonialismo, el imperio y la dominación, estas sabias hermanas y hermanos insistieron en que el auténtico cristianismo exige una relación amorosa y la lucha junto a los pobres, los perseguidos y aquellos que más se asemejan a Jesús en su tiempo. El teólogo peruano Gustavo Gutiérrez lo proclamó con valentía:

Una espiritualidad de la liberación estará centrada en una conversión al prójimo, al hombre oprimido, a la clase social expoliada, a la raza despreciada, al país dominado. [...] Nuestra conversión al Señor pasa por ese movimiento. Convertirse es comprometerse con el proceso de liberación de los pobres y explotados, comprometerse lúcida, realista y concretamente. [...] Convertirse es saber y experimentar que, contrariamente a las leyes del mundo de la física, sólo se está de pie, según el evangelio, cuando nuestro eje de gravedad pasa fuera de nosotros.[3]

Solemos considerar la conversión como el paso inicial para abrazar la fe cristiana. Sin embargo, según argumenta Gutiérrez, si verdaderamente deseas establecer una relación amorosa con Dios, te transformarás repetidamente en una conexión amorosa con los oprimidos que luchan por la libertad y la integridad. Reencontrarnos fuera de nosotros mismos y unirnos a las personas más dominadas y despreciadas es, de hecho, el sendero hacia la vida abundante.

La conversión no es un viaje mental. Mueve tu corazón y tu cuerpo hacia una relación más profunda y amorosa con los demás, especialmente con los vecinos de la parte baja del imperio, donde aún más amor y libertad te aguardan. Como descubrí con mi hermano y nuevamente con mis amigos universitarios, y como ilustra Pablo en 1 Corintios 12, el amor es el conductor que lleva el dolor del otro para que se convierta en tu propio dolor. El amor nos une.

Este tipo de relación es esencial para la práctica de la solidaridad. La teóloga de origen latinoamericano Ada María Isasi-Díaz resume la solidaridad como "la unión armoniosa de *parientes* [kindreds, en el inglés original] que colaboran para el pleno desarrollo de la *familia* [*kin*-dom] de Dios".[4] Lo relevante no es quién gana o pierde en la lucha, ni siquiera quién logra reunir suficientes aliados para cambiar la dinámica de poder. Isasi-Díaz desea que comprendamos que la amistad amorosa y sacrificada en el corazón de la solidaridad es en sí misma el antídoto contra el pecado y la opresión.

La dominación, el control y la conducta centrada en uno mismo o en el grupo nos alienan y nos separan de Dios, de los demás y de nosotros mismos como hijos amados de Dios. Por el contrario, al abrazar la unión con los pueblos oprimidos y despreciados, al poner cualquier privilegio que se posea al servicio del movimiento para desmantelar la opresión y la alienación, y para restaurar el equilibrio y la integridad de la comunidad humana, este amor solidario es la forma en que seguimos más de cerca y fielmente a Jesús, uniéndonos a él en la comunidad amada.

Ahora puedes comprender por qué la solidaridad y la kénosis están tan estrechamente vinculadas, y son esenciales para la vida en el reino de Dios. Una vez que tu corazón se ha resquebrajado, o el corazón de tu institución se ha abierto, estás en posición de entregar tu vida, privilegios y poder *específicamente* por amor a los pueblos que han sufrido bajo la opresión. De esta manera, todos nos acercamos a nuestro Dios crucificado y resucitado.

## Jesús y el amor solidario

Como Dios-entre-nosotros, Jesús nos muestra el camino para pasar de una existencia egocéntrica y egoísta a la solidaridad. Vimos el importantísimo himno de Filipenses 2 que describe su camino: Jesús compartía la naturaleza de Dios, pero no se aferró a la igualdad con Dios ni la utilizó en su propio beneficio. Por el contrario, se despojó y humilló a sí mismo, convirtiéndose no solo en un ser humano, sino en un esclavo. Descendió aún más y abrazó la muerte más humillante posible: la ejecución en una cruz.

Por un lado, es una representación de la kénosis, ya que Jesús renunció a privilegios para acercarse a nosotros. Pero su pasión es avivada por el dolor y la esperanza que ve en medio de nosotros. De hecho, lo que sabemos de Jesús es que insistió especialmente en la relación con las personas más vulnerables: los niños, los pobres, las viudas, los extranjeros, las prostitutas. Él habitó entre aquellos que sufren porque eran los menos amados y, por ende, los más necesitados del amor público y apasionado de Dios, para restituirles al estado de ser igualmente amados, un derecho inherente a nuestra condición humana desde el nacimiento. Eran los más dispuestos a tender sus manos a Dios y recibir los dones que Dios anhelaba dar a toda la creación.

Utilizo la palabra "apasionado" de manera intencionada. No hay forma más precisa de describir el amor de Jesús por la humanidad y especialmente por los seres humanos marginados. Fue la pasión lo que le llevó a mirar a Zaqueo, el recaudador de impuestos, literalmente encaramado a un árbol (hablando de los márgenes), y decirle: "Desciende; porque hoy es necesario que me quede en tu casa" (Lucas 19:1-10). Fue la pasión lo que movió a Jesús a quedarse con la mujer samaritana en el pozo, donde compartieron historias y preguntas en pleno calor del día y a la vista de las autoridades que no veían la hora de acusar a Jesús de impureza (Juan 4:4-30). La pasión le hizo abrazar la presencia de niños a los que otros querían echar (Mateo 19:13-15).

Jesús no vino solo para estar con la humanidad ni simplemente para amar a toda la humanidad en general. Vino a compartir el amor de Dios específicamente con las personas que habían sido despojadas de él, y demostró ese amor siendo él mismo una de esas personas despreciadas. Kelly Brown Douglas nos desafía a reconocer dónde se situaría Jesús hoy. "La clase de los crucificados en el mundo romano del siglo I era la misma que la de los linchados de hoy.[5] Ese espacio no identificado con el imperio es el mejor lugar para que Jesús se enfrente a las concepciones tradicionales y dominantes del poder y nos muestre en qué consisten el amor y la libertad de Dios.

Jesús no se identificó solo con los de abajo en algunos casos. Eligió a los grupos de la periferia y a aquellos rechazados en la parte inferior del imperio una y otra vez. Como señala Christopher Duraisingh, "Un aspecto central de la historia de Jesús es que se niega a desempeñar el papel de héroe dominante, sino que siempre se mueve hacia el margen y hacia lugares de solidaridad con los oprimidos".[6] Los poderes del imperio y la dominación quieren adoptar a Jesús para sus propios fines, pero cualquiera que le mire notará que no es ahí donde eligió estar. No le disgustaban los ricos ni los poderosos; véase su compasión por el joven rico en Mateo 19. Lo amaba a él y a todos los demás privilegiados lo suficiente como para revelarles el camino de la salvación: identificándose con aquellos que atraviesan la pobreza, el sufrimiento y el menosprecio, sin importar cuándo ni dónde.

## Mayordomía del privilegio

La solidaridad es una cuestión de amor. También implica claridad y estrategia. Jesús eligió identificarse con los más vulnerables por amor, pero seamos sinceros: su elección no habría tenido tanto impacto si no fuera Dios-entre-nosotros. Al reflexionar sobre aquellas personas privilegiadas de diversas índoles que podrían haberse resguardado tras el escudo del privilegio, pero que, en cambio, arriesgaron sus vidas, me recuerdo de esta verdad ineludible: sin importar cómo percibamos o pensemos sobre el privilegio, la cultura dominante ya ha determinado que algunas vidas tienen más valor. Cuando esas vidas están amenazadas, los poderes toman nota.

En investigación tras investigación, los científicos han observado consistentemente que los participantes blancos califican el dolor experimentado por individuos blancos como más intenso en comparación con el sufrido por personas negras.[7] Además, al presenciar a una persona negra atravesar la misma experiencia física que una persona blanca, los observadores blancos no exhiben la misma respuesta involuntaria de estrés; el dolor de los individuos negros no impacta con la misma intensidad en estos observadores blancos.[8] Tal vez asumen que somos más resistentes físicamente y que podemos soportar más dolor. Quizás algún mecanismo primario no se activa para señalar: "Oye, este es uno de los nuestros". Sea cual sea la razón, contamos con evidencia científica de que, en una sociedad dominada por los blancos, los corazones se quiebran con mayor frecuencia cuando sufre una persona blanca.

Esta es la esencia de los sistemas egocéntricos que otorgan privilegios a un grupo en detrimento de los demás: la vida del grupo dominante es más valorada, sus decisiones se consideran legítimas y su sufrimiento genera compasión. (Por eso, tenemos que afirmar claramente "Las vidas de los negros importan"; ya que, en un sistema dominado por los blancos, las vidas de los negros no se valoran tanto como las de los demás).

La solidaridad toma en consideración este hecho y convierte el privilegio en una herramienta para desmantelar la casa del amo. Imagina algo similar al jiu-jitsu espiritual: puedes utilizar el poder del privilegio y revertirlo contra sí mismo, desarmando aquello que fue diseñado para proteger. Yo lo llamo *mayordomía del privilegio* y estoy convencida de que es una de las claves para practicar la kénosis y la solidaridad en la vida real.[9]

¿Por qué es tan importante la mayordomía del privilegio? En primer lugar, como persona heterosexual que busca ser solidaria con amigos LGBTQIIA+ a los que quiero mucho, no puedo simplemente levantarme un día y declarar: "No quiero el privilegio heterosexual. Voy a devolverlo". El sistema me lo concede sin que yo se lo pida, del mismo modo que valora más las vidas de los blancos que las de las personas de color. Si esta es la situación concreta, ¿qué voy a hacer al respecto? ¿Qué voy a hacer con ello?

El problema al descartar por completo los privilegios es que la mayoría de lo que llamamos privilegios son derechos humanos fundamentales. ¿Es un privilegio no ser considerado una amenaza por tu propio gobierno y sus agentes? ¿No deberíamos todos disfrutar del privilegio de amar como nos ha guiado nuestro Creador, de expresarnos en una reunión y ser percibidos como competentes, de escuchar música de nuestra cultura en la iglesia sin ser objeto de burlas y de que nuestras celebraciones con diferentes culturas sean reconocidas como expresiones auténticas de la vida cristiana? No espero con entusiasmo esa gran mañana en que nadie tenga estos privilegios. En la comunidad de amor de Dios, todos deberíamos experimentar las condiciones para prosperar y sacrificarnos para crearlas entre nosotros. Si tienes privilegios, al igual que Jesús, no los utilices solo para tu propia felicidad o para elevar a tu círculo; úsalos como parte del movimiento de Jesús para asegurar que todos florezcan.

Ahí es donde entra en juego la mayordomía del privilegio. En primer lugar, adopta el enfoque abierto y sin aferramientos que discutimos en el capítulo anterior sobre la kénosis. Reconoce el privilegio, pero no te aferres a él ni permitas que defina y controle tu realidad. Cultiva la curiosidad. Siéntate con aquellos con los que deseas solidarizarte y pregúntense mutuamente: ¿Qué sucedería si colocara mi privilegio y mi poder a los pies de esta comunidad que amo, en aras de nuestra liberación compartida y de nuestra comunidad amada? La tabla que aparece a continuación, bajo el título "La mayordomía del privilegio: Usar tu poder como Jesús usó el suyo", está concebida para ilustrar algunas de las posibilidades de acción y cómo Jesús nos muestra el camino.

## La mayordomía del privilegio: Usar tu poder como Jesús usó el suyo

| | |
|---|---|
| Jesús amó de manera extravagante: a sus amigos, a sus enemigos y a Dios. | **AMA** el rostro y la voz de Dios que ves y oyes en la presencia de los demás. |
| En Jesús, Dios vino entre los seres humanos, vivió, lloró y murió con nosotros. | **CUIDA** y lleva las cargas de los demás, aunque tus privilegios te permitan hacer la vista gorda. |
| Jesús abrazó la vida humana, en su forma más humilde y dolorosa. | **ACOGE** espacios y experiencias incómodos, y modela la vulnerabilidad para otros que comparten tus privilegios. |
| Jesús cedió el control de su camino para que Dios pudiera guiarlo. | **RENUNCIA** a comportamientos que controlas en exceso y discierne la voluntad de Dios en tu relación con las personas oprimidas. |

| | |
|---|---|
| Jesús lo arriesgó todo viniendo a estar entre nosotros, amando cuando no era amado, estando abierto a la corrección y negándose a maldecir a quienes le hacían daño. | **ARRIÉSGATE** a dar el primer paso, a compartir tu propia historia, a equivocarte, a parecer menos que perfecto y a recibir la ira de las personas que han sido heridas por los sistemas que te protegen. |
| En las carreteras y caminos de Galilea y más allá, Jesús caminó con la gente y ofreció su oído y su corazón para escuchar. | **ESCUCHA** con amor las historias de personas oprimidas, explotadas y a las que se les han negado privilegios y recursos que tú tienes. |
| Jesús confió en una mujer, María, para llevar el mensaje de que había resucitado de entre los muertos. | **CONFÍA** en la perspectiva y la sabiduría de las personas menos respetadas. |
| Dios, al unir la divinidad con la humanidad a través de Jesús, verdaderamente elevó a la humanidad y nos deificó (Richard Hooker). | **CELEBREMOS** las culturas, los dones y las vidas de los grupos que han sido silenciados o devaluados. |
| Jesús prometió interceder por nosotros y llevar nuestras oraciones a su Padre. | **HABLEMOS** verdades difíciles que puedan escuchar las personas que comparten tus privilegios. |
| Jesús sufrió la ira del sistema de dominación porque se puso del lado de los oprimidos. | **SOPORTEMOS** el disgusto e incluso la ira de los sistemas que nos privilegian, al salirnos de sus límites. |
| Jesús vivía con sencillez y alentaba a la gente a examinar sus bolsas, compartir sus posesiones y alimentarse mutuamente... y había abundancia. | **SACRIFICAR** las posesiones y los recursos por amor, para que nadie tenga en exceso y nadie carezca de nada. |

| Jesús nos acoge en la relación que comparte con su Padre y el Espíritu Santo. | COMPARTIR el acceso privilegiado y guiar a las personas menos privilegiadas hacia espacios y relaciones que fomenten la liberación de todos. |
| Jesús trastocó todo, desobedeció las normas injustas y honró a "los más pequeños" para restaurar una relación equitativa. | DESMANTELAR los sistemas que refuerzan la dominación, distribuyen los privilegios de manera desigual y menoscaban la vida humana. |

Nota: *A veces tienes el poder y en otras ocasiones te encuentras en una posición subordinada. También es factible que tu comunidad comparta colectivamente ciertos privilegios que individualmente no posees. Por lo tanto, aborda esta práctica de manera creativa, reconociendo que la mayoría de nosotros disponemos de algún tipo de privilegio que podemos transformar en una bendición tanto para los otros como para el bien común.*

Trabajando con esta tabla, he descubierto que las personas que no han sido conscientes pueden comenzar a imaginar distintos estilos de vida. Las voces del miedo pueden decir: "Aquellos que tienen menos quieren quitarte todo y dejarte sin nada como castigo por tu éxito". En este marco, se observa cómo la fe nos aleja de esos modelos punitivos, egocéntricos y de suma cero, conduciéndonos hacia la confianza, la generosidad, la celebración, la integridad, el sacrificio y la justicia. Para muchos de nosotros, esto es lo que representa la solidaridad cuando la vivimos en la práctica.

Sí, existe riesgo. Sí, usted y su iglesia experimentarán la pérdida de lo que habían considerado como parte fundamental de su vida. No, esto no resultará en una destrucción total, gracias a la gracia de Dios y al poder del Espíritu que obra en usted. Y sí, estamos comprometidos en seguir a Jesús.

# 8

# Anden en amor– Discipulado

*El discipulado es una invitación a seguir a Jesús en una nueva comunidad.*

—David Swanson[1]

En este viaje, nos hemos enfrentado a muchas ideas importantes y a cuestiones complejas. Sin embargo, quizás ninguna sea más crucial que esta: El discipulado. Si uno de los principales desafíos que enfrentan la mayoría de las iglesias estadounidenses radica en que se han alineado excesivamente con culturas de dominación y control social, priorizando sus propios intereses y reinos por encima del reino de Dios (y este es, en efecto, el asunto central que he intentado abordar aquí), entonces la solución no reside primordialmente en la formación contra el racismo, las liturgias en línea o los comedores de beneficencia. Se reduce a preguntarnos qué pondremos en el centro de nuestras vidas y a quién seguiremos. Es una pregunta que solo el discipulado puede responder. Un/a *discípulo/a* es simplemente alguien que sigue, aprende y modela su vida según otro. Todo el mundo es discípulo de algo o de alguien. Te invito ahora a que te tomes un momento y te preguntes: ¿de qué o de quién eres tú discípulo? ¿Quién o qué modela tu vida y te enseña? La mayoría de los cristianos responden rápidamente: "¡Jesús!". Pero ¿es así? Me temo que las iglesias cristianas dominantes estadounidenses están diseñadas, en general, para formar residentes y consumidores cooperativos, pacíficos y amables, y solo ocasionalmente forman seguidores vibrantes, generosos y transformadores del mundo al estilo de Jesús de Nazaret, que aman a Dios y a sus prójimos, incluso a sus enemigos, como a sí mismos.

¿Cómo hemos llegado hasta aquí? La mayoría de los historiadores apuntan a un momento decisivo en el año 312 de la era cristiana, cuando el emperador Constantino se convirtió al cristianismo, transformándolo en un aliado e instrumento del poder imperial. Desde entonces, con muy pocas excepciones, el camino del imperio, la dominación, el orden establecido y la supremacía cultural han eclipsado gran parte de lo que Jesús inauguró hace unos dos mil años.

Han surgido movimientos para devolver a los cristianos al camino de Jesús. Monásticos, místicos y reformadores han encendido la llama cuando esta se apagaba. Hemos invocado a algunos de esos líderes en estas mismas páginas. Pero el canto de sirena del imperio es seductor, y los poderes opresivos pueden transformarse y deslizarse fuera de nuestra vista tan suavemente que no nos damos cuenta de que siguen dirigiendo el espectáculo. Han sido especialmente hábiles en tejer el orden establecido y la superioridad blanca en el núcleo del cristianismo dominante estadounidense, hasta el punto de que es difícil saber dónde acaba uno y empieza el otro. La disrupción es necesaria para liberarnos del dominio de estos poderes y propulsarnos de vuelta a los brazos de Jesús. Es esencial estar completamente abierto.

Muchos de nosotros rezamos para que la Iglesia haya llegado a un punto en el que, gracias a los trastornos y al declive, los cristianos tengan menos que perder o demostrar, y puedan optar por derramarse en amor por el mundo. Ahora que nos hemos abierto completamente y vemos con mayor claridad lo que yace en el núcleo de la Iglesia, podemos reimaginar junto a Dios un cristianismo que no se fundamente en el egocentrismo, la dominación y la supremacía blanca. Imaginemos volver a centrarnos en el Dios que conocemos en Jesús. Imaginemos convertirnos en comunidades practicantes que siguen a Jesús y encarnan su comunidad de amor.

Las fuerzas del imperio y del orden establecido te dirán que aspirar a tal cambio es una causa noble pero imposible en la actualidad. Están equivocados. Lo que se necesita son discípulos que, unidos, sigan el camino del amor de Jesús, se apoyen sin reservas en el Espíritu que lo inspiró, e intenten hacer lo que él hizo y vivir como él vivió, para que, de este modo, nosotros, nuestras comunidades y el mundo entero podamos parecernos más a él.

## Una vía para todos nosotros

Al comienzo de su mandato como obispo presidente de la Iglesia Episcopal, Michael Curry convocó a un grupo de asesores y nos pidió ayuda para dirigir a la Iglesia hacia lo más profundo del corazón de Jesús. Hablábamos con entusiasmo sobre grupos pequeños y comunidades practicantes, así como también ardíamos en deseos de subvertir el imperio y desmantelar los sistemas de opresión. Intuíamos que algo podría estallar en los próximos veinte o cuarenta años, y era imperativo que estuviéramos preparados. El grupo redactó una regla de vida conocida como el Camino del Amor: siete prácticas para una vida centrada en Jesús. Desde mediados de 2018, iglesias de diferentes tamaños y lugares comenzaron a abrazar el Camino del Amor y a incorporarlo a su práctica. Este movimiento sigue en marcha hasta hoy.

Ha sido inspirador ver cómo los episcopales han adoptado fielmente las enseñanzas de Jesús, creyendo en que podríamos formar comunidades similares si nos abriéramos al Espíritu y siguiéramos su sencillo camino.

1. VUELVE una y otra vez a Dios.
2. APRENDE los caminos de Jesús a través de las Escrituras y la lectura sagrada.
3. ORA y mora conscientemente en Dios todos los días.
4. ADORA a Dios semanalmente a través de la alabanza comunitaria, la acción de gracias y la petición.
5. BENDICE a los demás entregando tu vida en amor.
6. VE y cruza fronteras para unirte en solidaridad y sanar las heridas.
7. DESCANSA en la gracia de Dios, porque la revolución no depende en última instancia de nosotros.

La adopción del Camino del Amor por parte de la Iglesia Episcopal se unió a un esfuerzo más amplio en toda la Comunión Anglicana para revitalizarnos y encarnarnos nuevamente en Dios a través de un discipulado intencional. El Consejo Consultivo Anglicano, el principal órgano de toma de decisiones de la iglesia global, proclamó una "Temporada de Discipulado Intencional" de diez años y alentó a las iglesias de todo el mundo a adoptar la Forma de Vida de Jesús, un camino para imitar y ser formados por la forma de vida de Jesús.[2]

Tuve el honor de participar en la elaboración y presentación tanto del Camino del Amor como de La vida según Jesús, por lo que sé que ambas vías surgen de un anhelo común. De Lusaka a Manila, de Kuala Lumpur a Kansas, esperábamos ver a los/as cristianos/as centrando nuestras vidas en Dios y rezando para que nuestras vidas fueran modeladas como las de Jesús, en lugar de seguir las culturas imperantes del comercio, la supremacía racial, el colonialismo y el egocentrismo. Anhelábamos lo que he oído describir al obispo presidente Curry: una revolución copernicana a la inversa, que situara a Dios en el centro, en lugar de mantener el mundo girando en torno a nosotros mismos y a nuestros grupos. Estábamos lo suficientemente locos como para imaginar que Dios podría algún día contrarrestar lo que Constantino había hecho hace tantos siglos y recuperar la Iglesia de Dios.

Pensamos que tendríamos una oportunidad en un par de décadas. Al parecer, Dios tenía otra cosa en mente.

Apenas unos meses antes de empezar a trabajar en este libro, cuando la magnitud de la pandemia y los problemas raciales se volvieron evidentes, me reuní una vez más con los asesores tanto del Camino del Amor como de La Vida según Jesús. Estábamos llenos de ansiedad y esperanza; casi podía escuchar la banda sonora de *Hamilton* de fondo en nuestras llamadas de Zoom, inspirando a los revolucionarios. Si alguna vez nuestras iglesias iban a seguir el camino de entrega de amor de Jesús, si teníamos la oportunidad de alejarnos del yo y del imperio para volver a enfocarnos en Dios, si esperábamos transformarnos y convertirnos en un reflejo más fiel de la comunidad amada que Jesús inició, esta podría ser nuestra oportunidad.

Hoy estoy más convencida que nunca de que Dios está tramando algo, y esta vez el sendero de Jesús podría resultar más seductor que las promesas vacías del imperio, el egocentrismo y la dominación. ¿Qué riesgos corremos? ¿Y qué más podríamos ganar?

En estas páginas finales, nos sumergiremos en las siete prácticas del Camino del Amor, entrelazando la sabiduría que has descubierto a lo largo de este libro. En www.episcopalchurch.org/wayoflove, encontrarás una amplia variedad de recursos para enriquecer tu práctica. Estoy emocionada por compartir reflexiones y pasos concretos diseñados para apoyar a individuos, congregaciones y cuerpos de la Iglesia en su camino de seguir a Jesús, liberarse de las ataduras del imperio y la dominación, y renacer como discípulos que buscan la comunidad de amor de Dios.

## VUELVE una y otra vez a Dios

Las primeras palabras que Jesús proclamó en Marcos 1 fueron una llamada a la conversión: "El tiempo se ha cumplido y el reino de Dios se ha acercado. ¡Arrepiéntanse y crean en el evangelio!" (Marcos 1:15). La palabra clave es "arrepiéntanse", o *metanoia* en griego, y significa apartar el corazón o la mente de un camino y dirigirla hacia otro. Los trastornos y la decadencia nos han abierto una grieta, y tenemos la oportunidad de liberarnos del egocentrismo como individuos, razas, instituciones y naciones, y de volvernos para redescubrir a Dios como el verdadero centro de nuestras vidas.

Como individuos, podemos optar por transformarnos después de que algo nos despierte a la realidad o simplemente nos rompa el corazón. A medida que profundizamos en el aprendizaje y en la conexión con nuestras emociones, experimentamos cambios en nuestra realidad y conciencia, surgen preguntas cruciales. ¿Cuáles son los auténticos amores y preocupaciones que han dado forma a la estructura de mi vida? ¿Cuál es mi verdadera motivación para participar en la iglesia? ¿He confinado a Dios a un rincón cómodo, al que acudo solo en busca de ayuda, sin que su presencia interfiera demasiado en mi día a día? ¿En qué medida, tanto yo como mi iglesia, nos hemos beneficiado del imperio, la opresión o la supremacía cultural/racial, o hemos optado por ignorar estas realidades? Estas interrogantes no solo invitan a la reflexión, sino que también exigen un profundo ajuste de cuentas.

La buena noticia es que Dios nos ofrece innumerables oportunidades para transformarnos. Este es el poder de la gracia. Por lo tanto, incluso si decido mantener la cabeza baja y seguir fingiendo un poco más, Dios no me cerrará la puerta. En todo momento, Dios aguarda pacientemente mi próxima elección, esperando que vaya más allá de mis propios intereses, mi grupo o mi limitado círculo de preocupaciones.

Las congregaciones e instituciones pueden ser un terreno excelente para la práctica de la transformación. Imagina encuentros donde las personas ofrezcan regularmente testimonios sobre cómo enfrentamos la realidad y cómo estamos aprendiendo a girar lentamente hacia Dios. Realízalo como parte del sermón o en pequeños grupos durante la hora del café en línea. Aprendamos de Alcohólicos Anónimos y de los programas de doce pasos que conocen bien este modelo. Las prácticas regulares de contar historias y rendición de cuentas nos ayudan a construir una cultura capaz de girar con gracia, donde las personas pueden llevar sus seres imperfectos, luchadores, esperanzados y vulnerables a la comunidad.

Compartir públicamente cómo nos estamos transformando también prepara a las comunidades para un giro y arrepentimiento colectivos. Muchas iglesias recurren a la conocida expresión: "Pero nunca lo hemos hecho de esa manera". Nos reímos, pero la aversión a la conversión no es saludable. Si tu congregación o institución teme el cambio o equivocarse, ¿cómo puedes empezar a apartarte del atractivo del imperio y el orden establecido? Muchas congregaciones han asumido la humilde tarea de investigar su historia y complicidad en el colonialismo, la esclavitud y los sistemas continuos de dominación. Se involucran intencionalmente en la confesión, el arrepentimiento, la búsqueda del perdón y la reparación de lo que han roto o de lo que se ha roto en su nombre. Todos estos pasos requieren flexibilidad, curiosidad y gracia para seguir girando hacia Dios.

¡Qué bendición que tantas personas dentro de la iglesia hayan aprendido a adaptarse en estos tiempos turbulentos! Individuos que jamás imaginaron pronunciar las palabras "Las vidas de los negros importan" [*Black Lives Matter*] ahora se unen al coro en las calles. Los obispos han permitido que los líderes locales encuentren nuevas maneras de reunir y alimentar al pueblo de Dios al liberar las restricciones en torno a la mesa de comunión. Nos hemos sorprendido a nosotros mismos por nuestra capacidad de cambio. Ahora es esencial que este proceso se integre en nuestra vida diaria como seguidores de Jesús, y no simplemente como una excepción para tiempos extraordinarios.

## APRENDE los caminos de Jesús a través de las Escrituras y la lectura sagrada

La única forma de ser discípulo es aprender el camino de aquel a quien sigues y experimentar por ti mismo su vida. A través de las Escrituras y la lectura sagrada, aprendemos sobre la vida, las enseñanzas y los caminos de Jesús, así como de los discípulos que le siguieron antes que nosotros. Ten cuidado: cuanto más aprendas sobre Jesús, más te darás cuenta de lo arriesgado que era. Abrazaba constantemente el fracaso, rompía reglas injustas, perdonaba a quienes le ofendían, construía comunidades alternativas de amor y priorizaba el testimonio y las necesidades de los menos empoderados. Finalmente, tomó la cruz y perdió su vida para ganar una vida aún más plena. Es extraño, radical y maravilloso, y todo proviene directamente de la boca y la vida de Jesús.

Si alguien trata de convencerte de que Dios respalda la dominación y la opresión, algo que lamentablemente ha sido parte de la historia de la iglesia y persiste en los tiempos actuales, dirige tu mirada hacia Jesús. Él nos enseña el profundo anhelo de Dios por derribar las estructuras de poder, asegurando que nadie tenga el poder de dominar o crucificar a otro. Al seguir a Jesús, percibimos claramente el deseo divino de liberarnos de nuestras posesiones y nuestras identidades, para que podamos aferrarnos únicamente a Dios.

Nuestro modelo de kénosis es Jesús, quien entregó su vida por amor: desde la encarnación, a lo largo de su vida y ministerio, y hasta la cruz. Entendemos la solidaridad al observar cómo Jesús se sumerge en la plenitud de la humanidad, especialmente en la humanidad herida y menospreciada, para poder amar, sufrir y resucitar a nuestro lado.

Amamos al Dios que se revela como Padre, Hijo y Espíritu Santo. Nos llamamos cristianos porque seguimos a Jesucristo, quien ocupa el corazón de este Dios trinitario. A medida que exploramos sus enseñanzas a través de las Escrituras, adquirimos las herramientas necesarias para discernir la obra del Espíritu Santo en el conjunto de las Escrituras, así como a través de las tradiciones, culturas y generaciones. Al conocer a Dios y entender su profundo amor por nosotros, somos capaces de seguir su ejemplo siendo misericordiosos, generosos, arriesgados, humildes, amorosos y radicales. De esta manera, nos unimos a él en la edificación de la comunidad de amor que Dios anhela.

## ORA y mora conscientemente en Dios todos los días

En su carta a la comunidad de Tesalónica, Pablo urge a los discípulos a mantener una vida de oración constante. A primera vista, esto podría parecer una carga abrumadora, pero en realidad, oramos de diversas formas. Oramos mientras leemos las Escrituras, durante el culto, mientras servimos en ministerios dentro y fuera de la iglesia. Nuestras acciones de justicia son también una forma de oración con nuestros pies. En nuestras oraciones, buscamos la gracia y el perdón para liberarnos del egoísmo, la avaricia y el deseo de control. Así, nuestra vida misma se convierte en una oración incesante, ofrecida continuamente a Dios.

En esencia, la oración es cualquier forma en la que escuchamos, compartimos y moramos conscientemente en Dios. Al observar el testimonio de personas que han abrazado la kénosis y la solidaridad, desafiando el dominio del imperio sobre el cristianismo, encontramos individuos que han rezado en medio de sus desafíos y nos invitan a hacer lo mismo. Puede que algunos de ustedes recuerden a Vida Scudder, la socialista victoriana que enseñaba en una prestigiosa universidad femenina y vivía entre los más pobres y desesperados de Boston. Su ministerio público fue notable, pero ella te diría que fue el resultado de la oración intercesora, el tipo de oración que coloca a Dios y al prójimo en primer lugar.[3] La comunidad que formó con sus amigas, la Sociedad de Compañeras de la Santa Cruz, perdura hasta el día de hoy con mujeres comprometidas viviendo en diferentes partes del mundo, cada una dedicada a la reconciliación y la transformación. Ambas prácticas se fundamentan en un compromiso inicial con la oración.

Ya sea que nos dediquemos a la oración de intercesión u otras formas, la oración nos saca de nosotros mismos y nos entrega, junto con todo lo que ofrecemos, en manos de Dios. El imperio, el colonialismo y el egocentrismo han reemplazado eficazmente nuestra confianza en Dios con instituciones y representantes designados por él. En la oración, ya sea de forma individual o en grupos, a través de la lectura de un libro o en el silencio espontáneo, practicamos la escucha atenta y el discernimiento directo con el Dios que reconocemos como Creador, Cristo y Espíritu Santo. La oración nos saca a mí y a mi grupo particular del asiento del conductor y reinstala a Dios en el centro. Reorientados de esta manera, podemos reconocer y seguir verdaderamente a Jesús en su Camino del Amor.

## ADORA a Dios semanalmente a través de la alabanza comunitaria, la acción de gracias y la petición

COVID-19 ha trastornado la vida tal como la conocemos, y no hay garantías de que para cuando este libro llegue a sus manos, la gente de la iglesia tenga acceso a sus edificios y se reúna para algo parecido al culto. Me atreveré a decir que esto puede ser un regalo de Dios.

No me malinterpreten. Estoy asombrada por el esfuerzo hercúleo que el clero y los líderes de la iglesia han invertido en mantener el culto durante una pandemia, y lamento el trabajo extra, la incertidumbre y el agotamiento absoluto que tantas personas han soportado. Aun así, sería deshonesto si afirmara que el culto anterior a COVID-19 era una forma ideal a la que deberíamos volver lo antes posible. Por más hermosas que puedan ser, las tradiciones litúrgicas, incluidas las de mi propia Iglesia Episcopal, a menudo sirven como instrumentos de supremacía blanca, dominación y mantenimiento del statu quo. Si el cristianismo estadounidense dominante está controlado por las "iglesias euro-tribales" descritas en el capítulo 1, entonces el culto es donde ese tribalismo se manifiesta de manera más evidente.

Para muchos episcopales, y supongo que, para muchos de nuestros contemporáneos, el culto es la atracción que nos mantiene en el redil. Algunos prefieren criticar a Jesús antes que cuestionar la liturgia. Quizás aquí radique el problema, y la razón por la cual seguir a Jesús podría requerir una reorientación de nuestro culto.

El culto, al igual que la oración, debe colocarnos en una relación adecuada con Dios y con los demás. Debería esforzarse por reflejar la gracia y la amplitud de la comunidad amada, enseñarnos a vivir y amar como Jesús, inspirándonos a sentirnos tanto humildes como elevados en los brazos de Dios, y nos envía como embajadores de Dios para extender por el mundo el amor y la bendición que hemos recibido.

En muchas ocasiones, el culto cristiano en Estados Unidos refleja las identidades culturales, raciales y de clase del grupo dominante, concediendo poder a un reducido grupo para hablar en nombre de todos ante Dios. Los recientes acontecimientos relacionados con la raza han dado lugar a conversaciones necesarias pero desafiantes sobre por qué el culto cristiano predominante en Estados Unidos está tan ligado a la blanquitud y al imperio. Durante décadas, las personas de color y aquellas de clases sociales menos privilegiadas han expresado su tristeza y alienación dentro de sus propias iglesias. Las imágenes predominantes de Dios, los himnos, los instrumentos musicales, la arquitectura y el tono general del culto en estas congregaciones transmiten claramente la supremacía y centralidad de la blanquitud, así como la justificación de la dominación. No lo menciono como un juicio o una queja, sino como una observación de un hecho evidente.

En la Iglesia Episcopal, nuestra historia como capellanes de las clases dominantes añade una capa extra de uniformidad, perfeccionismo y sobriedad inglesa por excelencia a gran parte de nuestro culto. Uno esperaría que la iglesia del imperio y la clase dirigente aplicaran estrictamente regulaciones de adoración y estándares de excelencia culturalmente determinados, y de hecho lo hacemos.

Si nuestro culto estuviera más alineado con la práctica del Camino de Amor de Jesús hacia convertirnos en una comunidad amada, podría asemejarse a la iglesia en medio de la pandemia: descentrada de los edificios y la familiaridad, y recolocada en espacios imaginativos, a menudo marginales, donde el Espíritu de Dios podría abrirse paso y donde los recién llegados están más cerca de igualarse con los veteranos, ya que todos estamos descubriéndolo juntos.

Primero, aplicaríamos el principio espiritual de no apegarnos y no aferrarnos a nuestros edificios. Estas hermosas jarras de alabastro en las que almacenamos las cosas de Dios se han roto; no necesitamos reconstruirlas tal como eran. Algunas personas podrían adorar en gloriosas catedrales y majestuosos santuarios, mientras que otras se reunirían en hogares, centros comunitarios y espacios en línea, y cada uno tendría el mismo valor como comunidad cristiana activa. Los obispos y líderes litúrgicos concederían una mayor libertad a las comunidades locales que deseen adorar a Dios y compartir el evangelio de Jesucristo en el lenguaje cultural apropiado para sus contextos.

Podríamos liberarnos de parte de nuestra dependencia de acreditar y certificar cada aspecto del ministerio. Imagina más altares en casa, más predicación laica y formación intencional en pequeños grupos dirigida por laicos para laicos. En cuanto a la música, el órgano ya no sería el estándar con el que se mide la calidad musical de la iglesia. En su lugar, el canto a capella y un acompañamiento más sencillo complementarían (sin abrumar) el sonido de las voces humanas alzadas para hacer música y comunidad. Estos movimientos también ampliarían el espectro de expresiones culturales que se asemejan a lo que se considera "iglesia".

Me inspiro en la sabiduría de Juan Oliver, quien nos brinda todo el permiso que necesitamos para sacar el culto de las estanterías de los museos y liberarlo de las fuerzas opresoras y controladoras.

> Las normas litúrgicas son relativas, pues están moldeadas por la cultura y no por Dios. Por ello, como bien sabían los Reformadores, son falibles y, al igual que la Iglesia misma, siempre necesitan ser reformadas. Incluso la estructura de la Oración Eucarística no está escrita en el cielo. Pero nuestros nombres sí lo están, cada uno en su propio idioma.[4]

## BENDICE a los demás entregando tu vida en amor

¿Cómo reconocerá el mundo a un grupo de cristianos? Jesús lo dijo claramente: "En esto conocerán todos que son mis discípulos: si tienen amor los unos por los otros." (Juan 13:35). Él esperaba que nos bendijéramos unos a otros de manera extravagante y desinteresada. Ningún grupo cumplirá a la perfección la esperanza de Jesús, pero él nos ha dado su Espíritu para que tengamos el poder de avanzar en esa dirección.

Si te preguntas cómo podemos, en la práctica, convertirnos en personas y comunidades de bendición, es decir, personas que entregamos nuestras vidas por amor, reflexiona nuevamente sobre el cuadro La mayordomía del privilegio de las páginas 126 a 128. Esta tabla describe una manera concreta de renunciar a nuestro control sobre lo que poseemos y ponerlo al servicio del sueño de Dios y de su pueblo. A continuación, ofrecemos una versión abreviada:

- AMAR el rostro y la voz de Dios en los demás.
- CELEBRAR las culturas, los dones y las vidas de los grupos marginados.
- CUIDAR y compartir las cargas de los demás.
- ACOGER espacios y experiencias incómodas.
- RENUNCIAR a comportamientos excesivamente controladores.
- ATREVERSE a dar el primer paso, a compartir sus propias historias y a cometer errores.
- ESCUCHAR con amor las historias de las personas que no comparten tus privilegios.
- SACRIFICAR posesiones y recursos por amor.
- COMPARTIR el acceso a espacios y relaciones privilegiadas.

Las personas y comunidades de bendición eligen la generosidad frente a la dominación, la celebración frente a la humillación, y la reciprocidad frente al chovinismo. Nos resistimos al camino del imperio, que considera que una cultura y sus prácticas, estética, normas e instituciones son lo mejor de todo y lo ideal para todos, y que sitúa la creación humana por encima de la voluntad y el camino revelados de Dios. Nos resistimos al impulso de acumular y acaparar poder, posesiones y privilegios, porque como nos mostró Jesús, el amor verdadero se entrega como bendición audaz y generosa a los demás.

## VE y cruza fronteras para unirte en solidaridad y sanar las heridas

La práctica de "ir" tiene mucho en común con la práctica de "bendecir". La principal diferencia radica en que "ir" lleva la bendición más allá de tu círculo, más allá de fronteras y divisiones, y hacia el mundo con el propósito explícito de reparar lo que está roto, llevar la justicia de Dios y formar círculos cada vez más amplios de comunidad amada.

La historia del apóstol Felipe y el eunuco etíope (Hechos 8:26-40) ilustra cómo podemos seguir el camino de Jesús. En la *Guía de reflexión y acción* en línea que acompaña a este libro, encontrarás un relato más completo de la historia y prácticas concretas que coinciden con el viaje de Felipe y el eunuco. Por ahora, de forma concisa, aprendamos cómo "ir" a través de estos dos discípulos.

- Al comienzo del pasaje, un ángel le dice al apóstol Felipe que se dirija al camino desierto de Jerusalén a Gaza. Felipe está dispuesto a *seguir las indicaciones del Espíritu.*
- El Espíritu *lo conduce hacia lo diferente.* Felipe ve a un eunuco etíope montando en un carro. Recuerda que "etíope" significaba un africano de piel oscura. Además, como eunuco, no podía ingresar al templo (Deuteronomio 23). Un eunuco etíope ocupaba los márgenes de la identidad de género, sexual, étnica y religiosa.
- El Espíritu dice: *"Acércate. Ve donde él está. Ofrece tu presencia".* Felipe no duda ni se preocupa por el rechazo.
- Cuando llega, escucha y se da cuenta de que el eunuco está leyendo al profeta Isaías. Entonces Felipe le pregunta:

"¿Entiendes esto?". Felipe está dispuesto a *liderar con curiosidad* más que con su propio conocimiento o agenda.

- Al escuchar, tiene la oportunidad de notar *dolor, anhelo* y *sabiduría* en el eunuco, quien comparte este revelador pasaje de Isaías: "En su humillación se le negó la justicia". El eunuco pregunta entonces: "¿De quién hablaba el profeta?".

- *Felipe conecta las historias.* Probablemente entrelaza la historia de Jesús con el propio sufrimiento y anhelo del eunuco. Qué buena noticia saber que Dios ha sentido el mismo dolor, que Dios está con él y quiere que sea libre, íntegro y amado.

- Cuando el eunuco escucha la buena nueva, exclama: "¡Mira, aquí hay agua! ¿Qué te impide bautizarme?". Las autoridades rituales habrían planteado cien objeciones, pero Felipe escucha a una autoridad superior: Dios. Felipe está dispuesto a *transgredir por amor.* Los dos salen del carro y entran en las aguas. Ese día, ambos se *convertirían* a la vida y al camino de Jesús.

- Después, *van regocijándose donde el Espíritu les guía.* El eunuco es ahora embajador de la reconciliación y la sanación de Cristo, y Felipe es enviado a nuevas ciudades, más dispuesto que nunca a compartir la buena nueva.

Los seguidores de Jesús no nos quedamos quietos, ni permanecemos en el centro esperando que la fuerza centrípeta atraiga hacia nosotros a todas las personas y recursos de nuestro interior. Vamos más allá de la comodidad, el conocimiento y la certeza. Vamos cuando y donde el Espíritu Santo nos envía.

## DESCANSA en la gracia de Dios, porque la revolución no depende en última instancia de nosotros

La lógica del imperio sostiene que debemos ejercer control absoluto sobre todo lo que inspeccionamos, convirtiendo la creación en un vórtice que gira en torno a nosotros como si fuéramos el eje, y esto nos obliga a esforzarnos y correr sin descanso para permanecer en la cima de todo. Pero no somos nosotros quienes controlamos la creación, ni estamos en su centro. La iglesia tampoco controla todas las palancas ni tiene todas las respuestas. El mundo, incluida la iglesia, pertenece a Dios.

Si el mundo pertenece a Dios, nuestra primera responsabilidad no es dominar, sino descubrir dónde está Dios ya activo y movernos en esa dirección. Me imagino a Jesús caminando sobre las aguas, sacando a Pedro a su encuentro y diciéndole: "No temas. No mires hacia abajo con miedo y pánico. Mantén la cabeza en alto. Las aguas corren, pero no te hundirás". Veo a Jesús mirando con compasión a unos discípulos ansiosos y diciéndoles: "Llevad mi yugo y aprended de mí, que soy manso y humilde de corazón, y hallaréis descanso para vuestras almas" (Mateo 11:29-30).

Jesús nos llama a la restauración y al descanso. Estamos unidos a Dios y los unos a los otros, si miráramos a nuestro alrededor. Podemos detener nuestra incesante lucha y control, y la pesadilla del egocentrismo y del "mi grupo contra el resto" puede terminar. Respira.

Liberados y centrados de este modo, descubrimos que incluso cuando trabajamos duro, no somos duros. Incluso cuando nos involucramos en una lucha intensa, no estamos luchando. Hay una medida de descanso y gracia cuando confiamos en que el poder de Dios que actúa en nosotros realmente hará infinitamente más de lo que podríamos pedir o imaginar (Efesios 3:20).

⁓

Una iglesia que no esté centrada en el imperio, la dominación, la supremacía blanca y el control social se asemejaría a la visión que Jesús nos mostró. Él nos señaló el camino a seguir y el tipo de comunidades contraculturales de amor que podríamos ser si lo seguimos. Nos dio prácticas, tales como volvernos, aprender, orar, adorar, bendecir, ir y descansar; las cuales nos formarían internamente a su semejanza y nos permitirían encarnarlo en el mundo. Después nos concedió acceso al mismo Espíritu que lo impulsó a él.

No importa cuántas veces hayamos dado la espalda, Jesús se nos presenta lleno de gracia y esperanza, ofreciendo oportunidades para seguirle y convertirnos en un tipo diferente de personas y en un tipo diferente de comunidad. Él nos abre el camino para renacer como discípulos centrados en Dios y convertirnos en una comunidad amada. Este podría ser nuestro momento para finalmente decir "sí".

# CONCLUSIÓN

# Dios bendice las grietas

*Permítanme decir, para concluir, que a pesar del sombrío*
*panorama que he descrito hoy sobre el estado de la nación,*
*no pierdo la esperanza en este país... También encuentro*
*consuelo en las tendencias evidentes de la época.*

—Frederick Douglass[1]

N adie pide ser desmantelado o perturbado. Ninguna iglesia busca declinar en membresía o estatus. La mayoría de las personas no buscan experiencias que las humillen y rompan su apego a una identidad y cultura preciadas. No elegimos aterrizar aquí, en este desierto; nos empujaron la pandemia, el ajuste de cuentas racial, el declive y las perturbaciones económicas y sociales. Pero ahora que estamos aquí, humildes y abiertos, tenemos una elección y una oportunidad.

Si estás harto de cómo el imperio y la cultura eclesiástica dominante estadounidense se entrelazan como una serpiente que se muerde la cola...

Si estás cansado de que el domingo por la mañana sea la hora más segregada de la semana...

Si temes el inevitable próximo vídeo de un policía matando a una persona negra o marrón desarmada...

Si no quieres reconstruir o apuntalar una iglesia con la supremacía blanca en su núcleo...

Si no te vas y te niegas a rendirte a la amargura y la desesperación...

Si sabes que Dios tiene reservado para nosotros más amor, más libertad y más vida, y quieres formar parte de hacer realidad ese sueño...

¿Qué vas a hacer?

Si has llegado a esta conclusión, espero que estés empezando a elaborar esa imagen de lo que sigue para ti, para tu congregación o ministerio, y para las comunidades más amplias de las que formamos parte. La *Guía de reflexión y acción* en www.churchcrackedopen. com y churchpublishing.org/churchcrackedopen está diseñada para ofrecer aún más sabiduría y apoyo para tu viaje en curso. Pero sea lo que sea a lo que Dios te lleve, que vaya más allá de la iglesia como la conocemos. Como dijo Maya Angelou una vez: "Haz lo mejor que puedas hasta que entiendas mejor. Luego, cuando lo entiendas mejor, hazlo mejor". Sabemos de dónde venimos, y sabemos hacia dónde Dios nos está guiando. Por el poder del Espíritu Santo de Dios, creo que la redención es posible. Creo que podemos hacer y ser mejores.

Compartí esa esperanza con Mark Bozzuti-Jones, un brillante sacerdote, poeta y amigo, y él respondió casi inmediatamente con un nuevo poema titulado "La cruz y la corona". Estas líneas capturaron mi corazón, y las comparto aquí con su permiso:

> Que nuestras vasijas se quiebren
> Que nuestras vidas se derramen
> Que nuestras vidas testifiquen a esas virtudes, votos y
>     verdades del evangelio, sabiendo que todo lo que
>     hacemos, pensamos, decimos y rezamos importa
> Que se agrieten un poco más
>     cada día
> y dejen entrar la luz
> la correcta

el arrepentimiento
unan corazones
    en la sabiduría y el amor
    y la vida preparada para los corazones agrietados
    desde toda la eternidad.

Ruego a Dios que podamos abrazar los corazones agrietados de los demás y las piezas fracturadas y abiertas de la Iglesia de Dios, aprovechando esta rara oportunidad de ser reformados en comunidades que encarnen y den testimonio activo e intencional de la realidad de la comunidad amada de Dios. Por más doloroso que parezca, quizás en este mismo momento Dios esté tomando las piezas desmanteladas y remodelando una comunidad conforme a su corazón.

¿Suena esa afirmación como un juicio apenas velado o como iconoclasia? No es la intención. Amo a Dios, el que nos creó, redime y sostiene a través de todo lo que este mundo puede presentarnos. Amo la fe y las tradiciones cristianas que hemos recibido, y cómo encierran misterio, verdad y amor y conducen a miles de millones hacia el corazón de Dios. Siento un amor especial por la Iglesia Episcopal, la rama peculiar del Movimiento de Jesús, hermosa, rota e identificada con el imperio, dentro de la cual he experimentado más plenamente el llamado y la bendición de Dios.

Amo a la Iglesia de la misma manera que Frederick Douglass amó a Estados Unidos: no a pesar de su quebrantamiento, no escondiéndome de sus verdades, sino tomando lo que es y lo que podría ser y abrazándolo con profundo amor y una esperanza feroz e inquebrantable. Ese es el tipo de amor que nuestra iglesia abierta en grietas necesita ahora mismo. Un amor que se frustra y se enfada, pero sigue adelante. Un amor que se entristece y se cansa, pero mantiene la esperanza. Un amor que está dispuesto a romper nuestras propias vasijas y dejar que el aceite se derrame, porque confiamos en que Dios está creando algo aún más hermoso con esos pedazos rotos.

Cuando decidas decir "sí" a esa invitación, debes saber que no caminas sola o solo. Somos compañeros, tú y yo. Así que avanza con determinación y viaja con esta bendición:

Que el Espíritu de Dios te impulse por el camino del desierto,
Que te envíe a perseguir carrozas y a romper alabastros, más allá de toda convención.

Que te guíe hacia los eunucos de piel oscura, las mujeres samaritanas, los jóvenes que sueñan sueños salvajes y los ricos gobernantes que anhelan pasar por el ojo de la aguja.

Y que te reciban en sus hogares y en sus mundos, para que puedan enseñarse y convertirse unos a otros.

Que juntos ingresen en las aguas del bautismo,
Y que juntos mueran y resuciten en Cristo,
En el nombre del Creador, del Hijo y del Espíritu Santo.
Amén.

# AGRADECIMIENTOS

Cuando el Espíritu te impulsa a escribir un libro en siete semanas, en medio de una pandemia, y logras hacerlo, hay muchas personas a las que agradecer al final del camino. Aunque mis palabras en esta sección sean breves, sepan que podría haber llenado otras diez páginas con amor, gratitud y bitmojis chocando los cinco:

A Dios, porque siempre encuentras un camino donde no lo hay.

A Nancy Bryan, Ryan Masteller y al equipo de Church Publishing, por no dudar ni un instante cuando les envié un mensaje de texto a finales de junio diciendo: "Creo que debo escribir un libro. Para el próximo ciclo. Puedo tenerlo listo para finales de verano".

Al personal y a la dirección de la Sociedad Misionera y Extranjera Doméstica de la Iglesia Episcopal, por brindarme las oraciones, la paciencia, la sabiduría, el apoyo, los controles de cordura y el permiso (¡Suzanne Baillie!) necesarios para llevar a cabo este proyecto; y especialmente a nuestro intrépido y fiel líder, el obispo presidente Michael Curry, quien afirmó: "Necesitamos esto. Hazlo".

A Jane y John Gould, quienes generosamente compartieron su hermosa y tranquila casa junto al lago en el oeste de Massachusetts, brindándome siete semanas de paz para lograr lo imposible.

A muchos amigos y colegas (¡las listas como esta son muy peligrosas!): Kelly Brown Douglas y Winnie Varghese (me obligaron a hacer esto); Gerry Cahill, Lynn Campbell, Eva Cavaleri, Courtney Cowart, Alessandra Cozzi, Julie Cudahy-Longmuir, Julie Hoplamazian, Gia Moreno, Tamara Plummer y Calvin Sanborn (sus mensajes me dieron fuerzas para seguir adelante); los Jefes y Canónigos (ustedes realmente son mi iglesia); Sarah Alphin, Tom Brackett, Jerusalem

Greer, Anthony Guillen, Melanie Mullen, Jeremy Tackett y todo el Equipo ERCC (ustedes son mis maestros); y a Mark Bozzuti-Jones (su poesía inspiró la mía).

A Carrie Boren Headington y Dwight Zscheile, quienes revisaron cada capítulo y me brindaron el tipo de comentarios con los que los escritores sueñan, pero rara vez reciben.

A Bart Geissinger y al Campamento Washington en Morris, Connecticut, y a David Fischer, por abrirme sus puertas cuando necesitaba refugio e inspiración al final del camino.

A mi familia de Facebook, a las miles de personas que rezaron, enviaron mensajes y reflexionaron conmigo en todo momento: ¿quién dice que la comunidad digital no es una comunidad real?

A mi familia, especialmente a mamá Phyllis Spellers, quien me rodeó de libros y permitió que su hija única fuera única.

A Albert DeGrasse, amado líder del equipo Quaranteam 802 y un hombre blanco paciente, inteligente, amable y en proceso de ganar conciencia (*wokeness*), que asentía mientras yo leía en voz alta (y bien alta) las actas racistas de la junta parroquial del siglo XVIII, me alimentaba con frutas y verduras, lavaba la ropa y encendía fuegos como un profesional. ¡Sí, tú, el que está ahí enseñando sobre la Doctrina del Descubrimiento a estudiantes de séptimo grado! El que colgó ese letrero de "Comunidad Amada" sobre la puerta de su aula. El que aceptó casarse conmigo en medio de esta locura. Tú me inspiras cada día. ¡Ahora manos a la obra!

# NOTAS

## Introducción: El significado de estar abiertos en grietas

1. Andy Crouch, Kurt Keilhacker, y Dave Blanchard, "Leading Beyond the Blizzard: Why Every Organization Is Now a Startup," https://journal.praxislabs.org/leading-beyond-the-blizzard-why -every-organization-is-now-a-startup-b7f32fb278ff, consultado el 13 de Agosto de 2020.

## Capítulo 1: La realidad de la disrupción y el declive

1. Martin Luther King Jr., "1966 Ware Lecture: Don't Sleep Through the Revolution," Unitarian Universalist Association General Assembly, 18 de mayo de 1966, https://www.uua.org/ga/past/1966/ware, consultado el 15 de noviembre de 2020.
2. La membresía episcopal alcanzó su punto máximo en 1966 con 3.4 millones de personas y ha disminuido abruptamente desde entonces. Recuentos oficiales en 2019 reportan alrededor de 1.8 millones de miembros. Consultar https://www.generalconvention .org/parochial-report-results y la Asociación de Archivos de Datos Religiosos en https://www.thearda.com/Denoms/D_849.asp, ambos accedidos el 13 de noviembre de 2020.
3. "Status of Global Christianity, 2020, in the Context of 1900–2050," Centro para el Estudio del Cristianismo Global, Seminario Teológico Gordon-Conwell, https://www.gordonconwell.edu/center-for-global -christianity/wp-content/uploads/sites/13/2020/02/Status-of-Global -Christianity-2020.pdf, consultado el 11 de octubre de 2020.
4. David Kinnaman y Gabe Lyons, *unChristian: What A New Generation Really Thinks about Christianity . . . and Why It Matters* (Grand Rapids, MI: Baker Books, 2007), 27.

5. Pew Forum on Religion & Public Life, "In U.S., Decline of Christianity Continues at Rapid Pace," Pew Research Center, 17 de octubre de 2019, https://www.pewforum.org/2019/10/17/in-u-s-decline-of-christianity-continues-at-rapid-pace, consultado el 1 de octubre de 2020.
6. Alan Roxburgh, *Joining God, Remaking Church, Changing the World: The New Shape of the Church in Our Time* (New York: Church Publishing, 2015), 3.
7. J. Kameron Carter aborda este tema en *Race: A Theological Account* (Oxford: Oxford University Press, 2008).
8. Margaret Kohn y Kavita Reddy, "Colonialism," en *The Stanford Encyclopedia of Philosophy*, editado por Edward N. Zalta (Otoño de 2017), https://plato.stanford.edu/archives/fall2017/entries/colonialism, consultado el 10 de octubre de 2020.
9. "Definition of Colonialism," Lexico, https://www.lexico.com/en/definition/colonialism, consultado el 10 de octubre de 2020.
10. Eric H. F. Law y Stephanie Spellers, *The Episcopal Way*, Church's Teachings for a Changing World, vol. 1 (Nueva York: Church Publishing, 2014), 21.
11. Law y Spellers, 19.
12. Roxburgh, 11.
13. Tomás Halík, "Christianity in a Time of Sickness," *America: The Jesuit Review*, 3 de abril de 2020, https://www.americamagazine.org/faith/2020/04/03/christianity-time-sickness, consultado el 26 de julio de 2020.
14. *Merriam-Webster*, s.v. "racism," https://www.merriam-webster.com/dictionary/racism, consultado el 12 de octubre de 2020.
15. Willie James Jennings, "Overcoming Racial Faith: How Christianity Became Entangled with Racism," Revista *Divinity* 14, no. 2 (Spring 2015): 7, https://divinity.duke.edu/sites/divinity.duke.edu/files/divinity-magazine/DukeDivinityMag_Spring15.WEB_.compressed.pdf, consultada el 13 de noviembre de 2020.
16. Roxburgh, 7.

## Capítulo 2: Nueva esperanza para la Comunidad Amada

1. Vida D. Scudder, *The Church and the Hour: Reflections of a Socialist Churchwoman* (New York: Dutton & Co., 1917), 62.

2.  Charles Marsh, "The Civil Rights Movement as Theological Drama,"
    en *The Role of Ideas in the Civil Rights South*, ed. Ted Ownby,
    (Jackson: University Press of Mississippi, 2002), 21.
3.  Martin Luther King Jr., "Facing the Challenge of a New Age," discurso,
    3 de diciembre de 1956, Martin Luther King Jr. Papers Project, https://
    kinginstitute.stanford.edu/king-papers/documents/facing-challenge
    -new-age-address-delivered-first-annual-institute-nonviolence>,
    consultado el 2 de octubre de 2020.
4.  Howard Thurman, *The Luminous Darkness* (New York: Harper &
    Row, 1965), 112–13.
5.  Según Gary Herstein, la bibliografía de la disertación de King
    incluye "The Problem of Christianity" de Royce. Además, él fue
    miembro de la Fellowship of Reconciliation, la misma organización
    que Royce ayudó a fundar. Consultar Herstein, "The Roycean Roots
    of the Beloved Community," The Pluralist 4, no. 2 (2009): 91–107.
6.  Georg Wilhelm Friedrich Hegel, *Lectures on the Philosophy of Religion*,
    vol. 3, ed. Peter C. Hodgson (Berkeley: University of California Press,
    1985), 372, citado en Marsh, 8.
7.  Josiah Royce, *The Problem of Christianity: The Christian Doctrine of
    Life* (New York: MacMillan Co., 1913), 196, citado en Marsh, 8.
8.  Royce, xxv.
9.  Herstein, 98.
10. Comité de Teología de la Cámara de Obispos, "White Supremacy, the
    Beloved Community, and Learning to Listen," informe de 2020, 13,
    https://episcopalchurch.org/files/documents/hob_theo_cmte_report
    _on_white_supremacy.pdf, consultado el 29 de septiembre de 2020.
11. Verna Dozier, *The Dream of God: A Call to Return* (New York:
    Seabury Books, 2006), 106.
12. Christopher Duraisingh, "Toward a Postcolonial Re-visioning of the
    Church's Faith, Witness, and Communion," en *Beyond Colonial
    Anglicanism: The Anglican Communion in the Twenty-First Century*,
    ed. Ian T. Douglas and Kwok Pui-lan (New York: Church Publishing,
    2001), 347.
13. Duraisingh, 347.

## Capítulo 3: Orígenes de la pesadilla

1. Isabel Wilkerson, "This History Is Long; This History Is Deep," entrevista por Krista Tippett, podcast On Being with Krista Tippett, 18 de junio de 2020.
2. Henri Nouwen, *You Are the Beloved: Daily Meditations for Spiritual Living* (New York: Convergent Books, 2017), 7.
3. Duraisingh, 344.
4. Roxanne Dunbar-Ortiz, *An Indigenous People's History of the United States* (Boston: Beacon Press, 2015), 32–33.
5. Dunbar-Ortiz, 39.
6. "Dum Diversas," Doctrine of Discovery, https://doctrineofdiscovery .org/dum-diversas, consultado el 29 de julio de 2020.
7. Dunbar-Ortiz, 199.
8. The Bull "Romanus Pontifex," Doctrine of Discovery, https://doctrine ofdiscovery.org/the-bull-romanus-pontifex-nicholas-v, consultado el 29 de julio de 2020.
9. "John Cabot," History.com, https://www.history.com/topics/exploration /john-cabot, consultado el 14 de agosto de 2020.
10. Jared Diamond, *Guns, Germs and Steel: The Fates of Human Societies* (New York: Norton & Co., 1999).
11. "Requerimiento," Doctrine of Discovery, https://doctrineofdiscovery .org/requerimiento, consultado el 29 de julio de 2020.
12. Dunbar-Ortiz, 36.
13. Kelly Brown Douglas, *Stand Your Ground: Black Bodies and the Justice of God* (Maryknoll, NY: Orbis Books, 2015), 3.
14. Douglas, 8.
15. Ben Franklin, "Observations Concerning the Increase of Mankind, Peopling of Countries, etc.," http://www.columbia.edu/~lmg21/ash 3002y/earlyac99/documents/observations.html, consultado el 14 de Agosto de 2020.
16. Thomas Hart Benton, "Discurso ante el Congreso, 1846," citado en Douglas, 32. La cita original se puede encontrar en el Congressional Globe 29, n.º 1 (1846): 917–18.
17. James P. Collins, "Native Americans in the Census, 1860–1890," *National Archives Geneaology Notes* 38, no. 2 (Summer 2006), https:// www.archives.gov/publications/prologue/2006/summer/indian -census.html, consultado el 15 de noviembre de 2020.

18. "Trail of Tears," History.com, https://www.history.com/topics/native
-american-history/trail-of-tears, consultado el 14 de agosto de 2020.

19. Opinión del Juez Presidente Roger Taney, citada en Martin
Magnusson, "No Rights Which the White Man Was Bound
to Respect: The Dred Scott Decision," Foro de Expertos de la
Sociedad Constitucional Estadounidense, https://www.acslaw.org
/expertforum/no-rights-which-the-white-man-was-bound-to-respect/,
consultado el 16 de agosto de 2020.

20. W. E. B. Du Bois, *The Suppression of the African Slave-Trade to the
United States of America*, vol. 1 (New York: Longmans, Green and
Co., 1896), 179.

21. Douglas, 76.

22. "Asian Immigration," Immigration History, https://immigrationhistory
.org/lesson-plan/asian-migration, consultado el 19 de Agosto de
2020.

23. Douglas, 26.

24. David Bernstein, "Is It Time for Progressives to Stop Venerating
FDR?" *Washington Post*, December 7, 2016, https://www.washington
post.com/news/volokh-conspiracy/wp/2016/12/07/is-it-time-for
-progressives-to-stop-venerating-fdr/, consultado el 19 de Agosto de
2020.

25. "American Democracy: A Great Leap of Faith" exhibit, Smithsonian
National Museum of American History, https://americanhistory
.si.edu/democracy-exhibition/vote-voice/keeping-vote/state-rules
-federal-rules/literacy-tests, consultado el 19 de Agosto de 2020.

26. Amelia Cheatham, "United States Detention of Child Migrants,"
Council on Foreign Relations, https://www.cfr.org/backgrounder/us
-detention-child-migrants, consultado el 19 de Agosto de 2020.

27. "Pine Ridge Indian Reservation," https://www.re-member.org/pine
-ridge-reservation.aspx, consultado el 15 de noviembre de 2020.

28. Deidre McPhillips, "COVID-19's Tragic Effect on American Indians:
A State-by-State Analysis," U.S. News and World Report, October 7,
2020, https://www.usnews.com/news/healthiest-communities/articles
/2020-10-07/a-state-by-state-analysis-of-the-impact-of-covid-19-on
-native-americans, consultado el 20 de noviembre de 2020.

29. Michael Gelb, "Native Americans 'Disproportional' Victims of
Fatal Police Shootings," The Crime Report, June 30, 2020, https://
thecrimereport.org/2020/06/30/native-americans-disproportional

-victims-of-fatal-police-shootings, consultado el 20 de noviembre de 2020.

## Capítulo 4: La iglesia del imperio

1. Frederick Douglass, "What to the Slave Is the Fourth of July?" discurso ante la Sociedad Abolicionista de Mujeres de Rochester, 5 de julio de 1852, https://teachingamericanhistory.org/library/document/what-to-the-slave-is-the-fourth-of-july, consultado el 1 de julio de 2020.
2. "Elizabethan Settlement," *An Episcopal Dictionary of the Church*, https://episcopalchurch.org/library/glossary/elizabethan-settlement, consultado el 3 octubre de 2020.
3. Kwok Pui-Lan, "The Legacy of Cultural Hegemony in the Anglican Church," en *Beyond Colonial Anglicanism*, 47.
4. Véanse las liturgias para la Oración Matutina y Vespertina, Oraciones y Acciones de Gracias, y la Santa Comunión en El Libro de Oración Común de 1662, de la Iglesia de Inglaterra, en https://www.churchofengland.org/prayer-and-worship/worship-texts-and-resources/book-common-prayer, consultado el 3 de enero de 2021.
5. Dwight Zscheile, *People of the Way: Renewing Episcopal Identity* (New York: Morehouse Publishing, 2012), 20.
6. *The Truth Shall Make You Free: The Lambeth Conference 1988* (London: Church Publishing, 1988), 88.
7. "Religion at Jamestown," Jamestown–Yorktown Foundation, https://www.historyisfun.org/pdf/background-essays/religionatjamestown.pdf, consultado el 14 de agosto de 2020.
8. "Religion at Jamestown."
9. Dunbar-Ortiz, 60.
10. Samuel G. Drake, *Biography and History of the Indians of North America* (Boston: 1841), citado en Dunbar-Ortiz, 60.
11. John Grenier, *The First Way of War: American War Making on the Frontier, 1607–1814* (Cambridge: Cambridge University Press, 2012), 4–5, 7; citado en Dunbar-Ortiz, 59.
12. Dunbar-Ortiz, 55.
13. "G O: Liverpool Episode," *Traveling the Way of Love* video series, https://episcopalchurch.org/twol/special-episode-go, consultado el 5 de octubre de 2020.

14. Ariela J. Gross, *What Blood Won't Tell: A History of Race on Trial in America* (Cambridge: Harvard University Press, 2008), citado en Isabel Wilkerson, *Caste: The Origins of Our Discontents* (New York: Random House, 2020), 45.

15. "Truth and Reconciliation Pilgrimage to Ghana," The Episcopal Church, https://episcopalchurch.org/reconciliation-pilgrimage, consultado el 5 de octobre de 2020.

16. Harold Lewis, *Yet with a Steady Beat: The African American Struggle for Recognition in the Episcopal Church* (Valley Forge, PA: Trinity Press, 1996), 18.

17. James Gillespie Birney, *The American Churches: The Bulwarks of American Slavery* (Newburyport, MA: Charles Whipple, 1842), 35.

18. Samuel Wilberforce, *A History of the Protestant Episcopal Church in America* (London: Rivingtons, 1856), 429.

19. Walter Posey, "The Protestant Episcopal Church: An American Adaptation," *The Journal of Southern History* 25, no. 1 (Febrero de 1959): 26.

20. Elisabeth Evans Wray, "The Relationship of the Protestant Episcopal Church in Virginia with the Negro Slaves 1830–1860: Success or Failure?" (tesis de maestría, University of Richmond, Virginia, 1977), 6.

21. Wray, 34.

22. The Roberson Project on Slavery, Race, and Reconciliation at the University of the South, "Closer to Home . . ." Facebook, 5 de agosto de 2020, https://www.facebook.com/SewaneeProjectonRaceand Reconciliation/posts/2776819595918337.

23. Gwynedd Cannan, "Desenterrando nuestro pasado," 14 de febrero de 2004, https://www.trinitywallstreet.org/blogs/news/unearthing -our-past, consultado el 15 de noviembre de 2020.

24. William Goodell, *Slavery and Anti-Slavery: A History of the Great Struggle in Both Hemispheres* (New York: William Harned Inc., 1852), 194.

25. Gardiner H. Shattuck Jr., *Episcopalians and Race: Civil War to Civil Rights* (Lexington: University of Kentucky Press, 2000), 9.

26. Ronald Levy, "Bishop Hopkins and the Dilemma of Slavery," *The Pennsylvania Magazine of History and Biography* 91, no. 1 (Enero de 1967): 56–71.

27. Levy, 59.

28. "Letter from the Rt. Rev. John H. Hopkins, D.D., LL.D., Bishop of Vermont on the Bible View of Slavery," citado en Levy, 65.

29. George Freeman, "The Rights and Duties of Slave-Holders," November 1836, http://catalog.hathitrust.org/Record/009562173, consultado el 3 de enero de 2021.

30. John Jay II, "The American Church and the African Slave Trade: Speech to the Diocese of New York Convention on September 27, 1860," http://anglicanhistory.org/usa/jjay/convention1860.html, consultado el 4 de agosto de 2020.

31. Anna Julia Cooper, A Voice from the South (Xenia, OH: Aldine Printing House, 1892) 42.

32. Journal of the Diocese of Virginia 64th Annual Convention 1859, 36, citado en Wray, 66.

33. Renee McKenzie, "Being the Advocate," Anglican and Episcopal History 83, no. 2 (Junio de 2014): 167.

34. Comité de Teología de la Cámara de Obispos, 16.

35. Relato proporcionado durante el Equal Justice Initiative Museum Tour, 18 de noviembre de 2019. www.eji.com.

36. John L. Kater Jr., "Experiment in Freedom: The Episcopal Church and the Black Power Movement," Historical Magazine of the Protestant Episcopal Church 48, no. 1 (Marzo de 1979): 69.

37. Lewis, 152.

38. Comité de Teología de la Cámara de Obispos, 39.

39. Comité de Teología de la Cámara de Obispos, 40.

40. "Against Inclusivity: Reclaiming Our Ministry as Latinos," conferencia Teología en Conjunto de Teólogos Hispanos/Latinos en el Seminario Teológico Episcopal del Suroeste, 2001, compilado en "Bread for the Journey: An Online Companion to Radical Welcome," 21, https://www.churchpublishing.org/siteassets/pdf/radical-welcome--embracing-god-the-other/wisewords.pdf, consultado el 3 de enero de 2021.

41. Posey, 30. See also Handbook of Religion and Social Institutions, ed. Helen Rose Ebaugh (New York: Springer, 2006), 191.

42. Pew Forum on Religion & Public Life, "2014 Religious Landscape Study: Episcopalians/Anglicans in the Mainline Tradition," Pew Research Center, https://www.pewforum.org/religious-landscape-study/religious-family/episcopalian-anglican-family-mainline-trad, consultado el 14 de noviembre de 2020.

43. Kit Konolige y Frederica Konolige, *The Power of Their Glory: America's Ruling Class: The Episcopalians* (New York: Simon & Schuster, 1978), 29.
44. Konolige y Konolige, 29.

## Capítulo 5: Destellos de luz

1. "The Reverend Paul Washington 1921–2002," The Church Awakens: African Americans and the Struggle for Justice exhibit, Episcopal Church Archives, https://episcopalarchives.org/church-awakens /exhibits/show/leadership/clergy/washington, consultado el 15 de noviembre de 2020.
2. "The Episcopal Convention and the Rebellion," *New York Tribune*, 7 de octubre de 1861, y *The Church Intelligencer*, 11 de octubre de 1861, citado en Robert Trendel, "John Jay II: Antislavery Conscience of the Episcopal Church," *Historical Magazine of the Protestant Episcopal Church* 15, n.º 3 (septiembre de 1976): 248.
3. Robert A. McCaughey, Stand Columbia: *A History of Columbia University in the City of New York, 1754–2004* (Nueva York: Columbia University Press, 2003), 85, citado en Jared Odessky, "'Possessed of but One Idea Himself': John Jay II's Challenges to Columbia on Slavery and Race," Proyecto Columbia University and Slavery, https://columbiaandslavery.columbia.edu/content/possessed -oneidea-himself-john-jay-iis-challenges-columbia-slavery-and-race# /top, consultado el 27 de agosto de 2020.
4. John Jay II, "Thoughts on the Duty of the Episcopal Church in Relation to Slavery: Being a Speech Delivered in the New York AntiSlavery Society Convention" (Nueva York: Pierce and Reed, 1839), 1–11.
5. Odessky.
6. Alexander Crummell, "Jubilate: A Sermon," in *The Shades and the Lights of a Fifty Years' Ministry: 1844–1894* (Washington, DC: St. Luke's Church, 1894), 23, citado en Odessky.
7. "An Episcopalian [John Jay II] to the Editor of the *New York American*," 26 de Agosto de 1839, en *The Emancipator*, 3 de octubre de 1839.
8. Trendel, 244.

9. Odessky.

10. Trendel, 245.

11. Trendel, 246.

12. Eric Foner, *Gateway to Freedom: The Hidden History of the Underground Railroad* (New York: W. W. Norton & Company, 2015), 112, citado en Odessky.

13. "Rector to the Editor," January 17, 1860, *New York Evening Post*, citado en Trendel, 247.

14. Jay, "The American Church and the African Slave Trade."

15. Jay, "The American Church and the African Slave Trade."

16. The Right Reverend Andrew ML Dietsche, "Address to the 243rd Convention of the Episcopal Diocese of New York," 9 de noviembre de 2019, https://www.dioceseny.org/diocesan-convention-votes-1-1-million-towards-reparations-passes-1860-anti-slavery-resolutions, consultado el 5 de octubre de 2020.

17. Vida Dutton Scudder, *On Journey* (New York: E. P. Dutton & Co., Inc., 1937), 67, citado en Douglas M. Strong, *They Walked in the Spirit: Personal Faith and Social Action in America* (Louisville, KY: Westminster John Knox Press, 1997), 66.

18. Scudder, *On Journey*, 84, como se cita en Strong, 67.

19. Vida Dutton Scudder, *My Quest for Reality* (New York: E. P. Dutton, 1952), 93–94, como se cita en Strong, 67.

20. Oración atribuida al General William Booth en su discurso final al Ejército de Salvación en 1912, https://www.salvationarmy.org/nhqblog/news/2012-05-09-ill-fight-100-years-since-booths-final-address, consultado el 3 de enero de 2021.

21. Strong, 67–68.

22. Strong, 70.

23. Scudder, *The Church and the Hour*, 36, 51.

24. Scudder, *On Journey*, 384.

25. Gibson Winter, *The Suburban Captivity of the Churches: An Analysis of Protestant Responsibility in the Expanding Metropolis* (Nueva York: MacMillan Co., 1962).

26. Shattuck, 133–34.

27. Wade H. Morris, "Contrary to the Mind and Will of God: White Flight and the Desegregation of Southern Episcopal Schools," *American Educational History Journal*, 46, no. 2 (2019): 21–24.

28. Shattuck, 112.

29. "Jonathan Daniels 1939–1965," The Church Awakens: African Americans and the Struggle for Justice exhibit, Episcopal Church Archives, https://episcopalarchives.org/church-awakens/exhibits/show/escru/jonathan-daniels, consultado el 27 de agosto de 2020.
30. Jonathan Daniels, "Eulogy (a Reflection on Participation in Civil Rights Movement)," The Church Awakens exhibit, https://episcopal archives.org/church-awakens/items/show/166, consultado el 27 de agosto de 2020.
31. Jonathan Daniels, "But My Heart is Black," *The Texas Observer*, octubre 29 de 1965 (publicado póstumamente).
32. Daniels, "But My Heart is Black."
33. "Jonathan Daniels," The Church Awakens.
34. "Jonathan Daniels," The Church Awakens.
35. "Jonathan Daniels," The Church Awakens.
36. "Washington," The Church Awakens.
37. Paul Washington con David Mcl. Gracie, *"Other Sheep I Have": The Autobiography of Father Paul M. Washington* (Filadelfia: Temple University Press, 1994), 7.
38. McKenzie, 167.
39. Washington, 25.
40. Washington, 26.
41. Washington, 56.
42. Washington, 42.
43. Washington, 148.
44. Washington, 171.
45. Washington, 161.
46. William R. Macklin y Mark Wagenveld, "The Rev. Paul Washington, Voice of the Oppressed, Dies," *Philadelphia Inquirer*, 9 de octubre de 2002.

## Capítulo 6: Perder tu vida–Kénosis

1. Mateo 10:39.
2. Roxburgh, 51.
3. Cynthia Bourgeault, "Insights at the Edge: Encountering the Wisdom Jesus," *Sounds True* podcast, 21 de junio de 2011, https://www

.resources.soundstrue.com/podcast/cynthia-bourgealt-encountering
-he-wisdom-jesus.

4. Andrew Root, *Faith Formation in a Secular Age* (Grand Rapids, MI: Baker Academic, 2017), 162.

5. Root, 163.

6. Pema Chödrön, *Practicing Peace* (Boulder, CO: Shambhala, 2006), https://www.shambhala.com/not-biting-the-hook-an-excerpt-from -practicing-peace, consultado el 1 de septiembre de 2020.

7. Chödrön.

8. Bourgeault.

9. Paolo Freire, *Pedagogy of the Oppressed* (Maryknoll, NY: Orbis Books, 1970), 109.

10. Tammerie Day, *Constructing Solidarity for a Liberative Ethic: AntiRacism, Action, and Justice* (Nueva York: Palgrave Macmillan, 2012), 107.

11. H. A. Goodman, "The Real Reasons Many White People Can't Empathize with Ferguson, Racial Disparities, or Black Suffering," *Huffington Post*, 27 de agosto de 2014, https://www.huffpost.com /entry/the-real-reasons-many-whi_b_5721248.

12. Goodman.

13. Sam Osherson, PhD, "White Sorrow and a Positive Racial Identity," *Psychology Today*, 8 de septiembre de 2019, https://www .psychologytoday.com/us/blog/listen/201909/white-sorrow-and -positive-racial-identity, consultado el 1 de septiembre de 2020.

14. Osherson, "White Sorrow."

15. Day, 113.

16. Véase Janet Helms, *A Race Is a Nice Thing to Have: A Guide to Being a White Person or Understanding the White Persons in Your Life* (San Diego: Cognella, 2020). También véase "An Update of Helms's White and People of Color Racial Identity Models," en *Handbook of Multicultural Counseling*, editado por J. G. Ponterotto, J. M. Casas, L. A. Suzuki, y C. M. Alexander (Thousand Oaks, CA: Sage, 1995), 181–191.

17. Racial Equity Tools, "Developing a Positive White Identity," https:// www.racialequitytools.org/resourcefiles/positive_white_identity.pdf, consultado el 16 de noviembre de 2020.

18. Day, 115. Adaptado por el autor.

19. Day, 117.

## Capítulo 7: Ganar tu vida—Solidaridad

1. Scudder, *The Church and the Hour*, 74.
2. Daniels, "But My Heart is Black."
3. Gustavo Gutiérrez, *A Theology of Liberation: History, Politics, and Salvation,* 15th edición conmemorativa. (Maryknoll, NY: Orbis Books, 1988), 118.
4. Ada María Isasi-Díaz, "Solidarity: Love of Neighbor in the 21st Century," en *Lift Every Voice: Constructing Christian Theologies from the Underside,* ed. Susan Brooks Thistlethwaite y Mary Potter Engel (Maryknoll, NY: Orbis Books, 1998), 32.
5. Douglas, 171.
6. Duraisingh, 353.
7. Kelly M. Hoffman, Sophie Trawalter, Jordan R. Axt, y M. Norman Oliver, "Racial Bias in Pain Assessment and Treatment Recommendations, and False Beliefs about Biological Differences between Blacks and Whites," *Proceedings of the National Academy of Sciences of the United States of America* 113, no. 16 (19 de abril, 2016): 4296–4301, https://www.pnas.org/content/113/16/4296, consultado el 16 de noviembre de 2020.
8. Matteo Forgiarini, Marcello Gallucci y Angelo Maravita, "Racism and the Empathy for Pain on Our Skin," *Frontiers in Psychology* 2, n.º 108 (23 de mayo de 2011), https://www.frontiersin.org/articles/10.3389/fpsyg.2011.00108/full, consultado el 16 de noviembre de 2020.
9. Le debo crédito por esta frase a la Reverenda Kerlin Richter. Hace años, ella me ayudaba a planificar un taller para una diócesis que estaba ansiosa por términos como "anti-racismo". Ella dijo: "Creo que realmente estás hablando de mayordomía del privilegio. No puedo simplemente desechar todos mis privilegios, pero puedo usarlos por la causa".

## Capítulo 8: Anden en amor—Discipulado

1. David Swanson, *Rediscipling the White Church: From Cheap Diversity to True Solidarity* (Downers Grove, Illinois: InterVarsity Press, 2020), 1.
2. "The Way of Love," la Iglesia Episcopal, https://episcopalchurch.org/jesus-shaped-lifeanglican-discipleship.

3. Scudder, *On Journey*, 384.
4. Oliver, "Against Inclusivity: Reclaiming Our Ministry as Latinos," 23.

## Conclusión: Dios bendice las grietas

1. Douglass, "What to the Slave Is the Fourth of July?"

www.ingramcontent.com/pod-product-compliance
Lightning Source LLC
Chambersburg PA
CBHW072141090426
42739CB00013B/3251